Link coloring

 https://www.instagram.com/linkcoloring/

 https://www.pinterest.com/linkcoloring/

 https://twitter.com/Linkcoloring

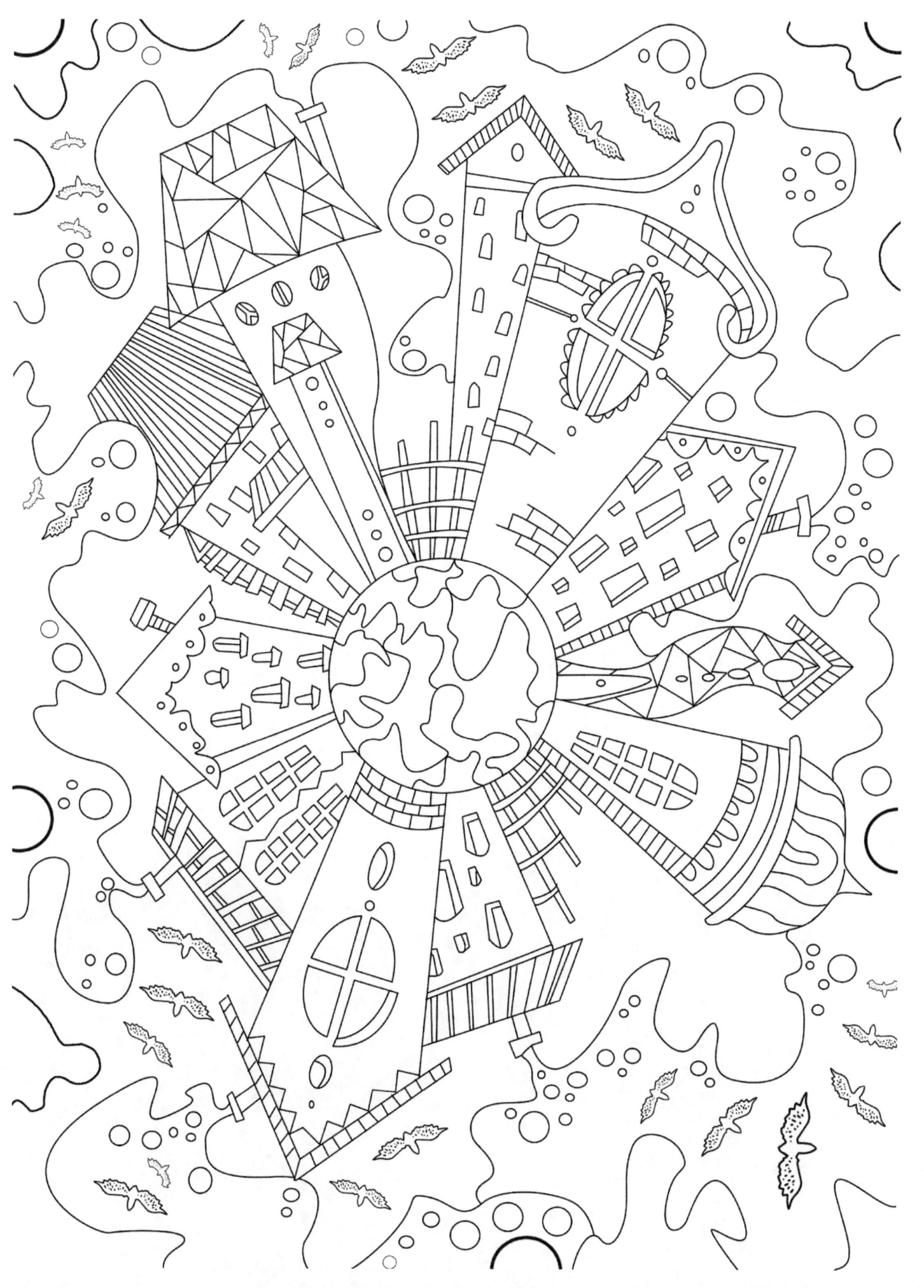

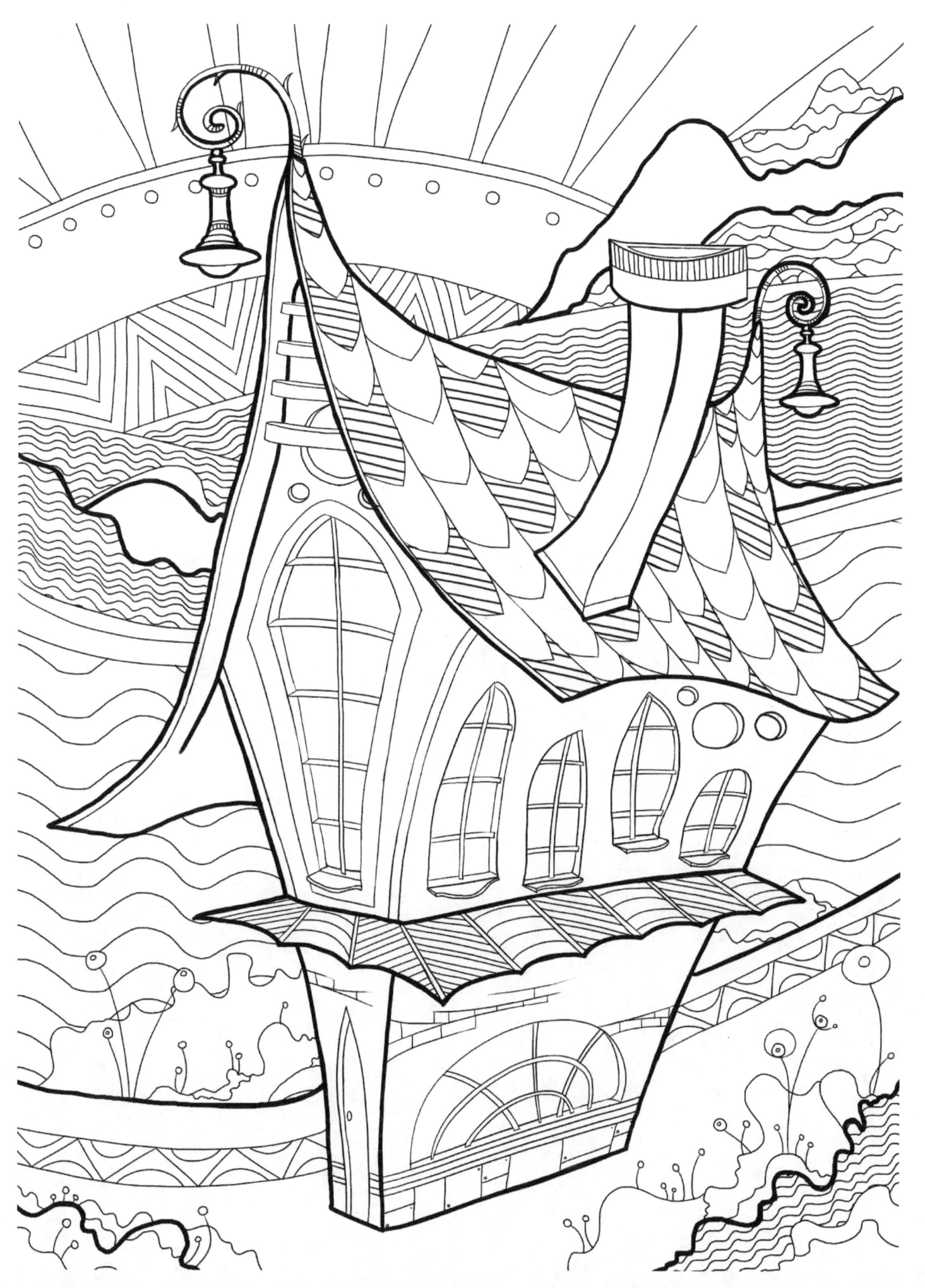

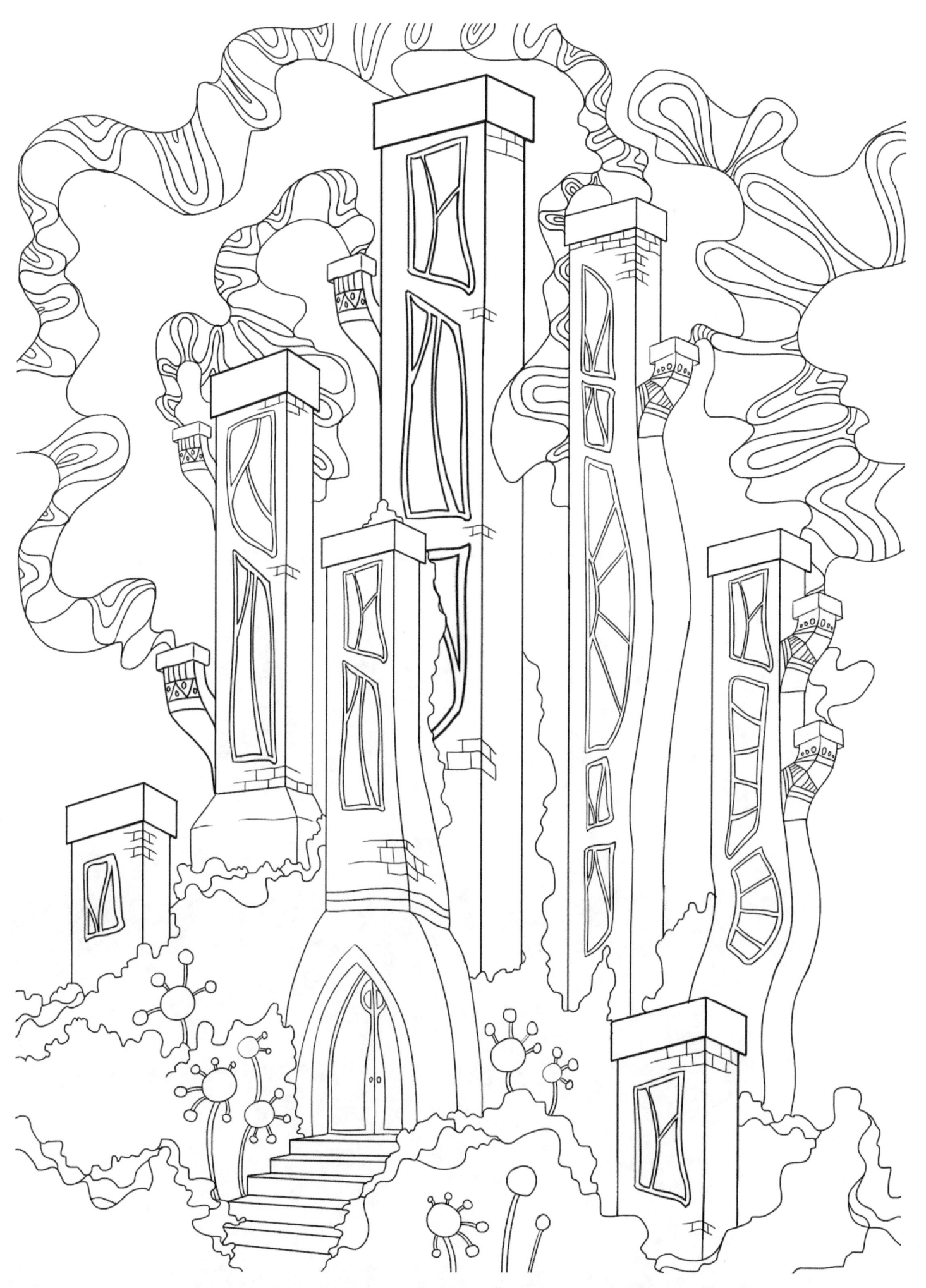

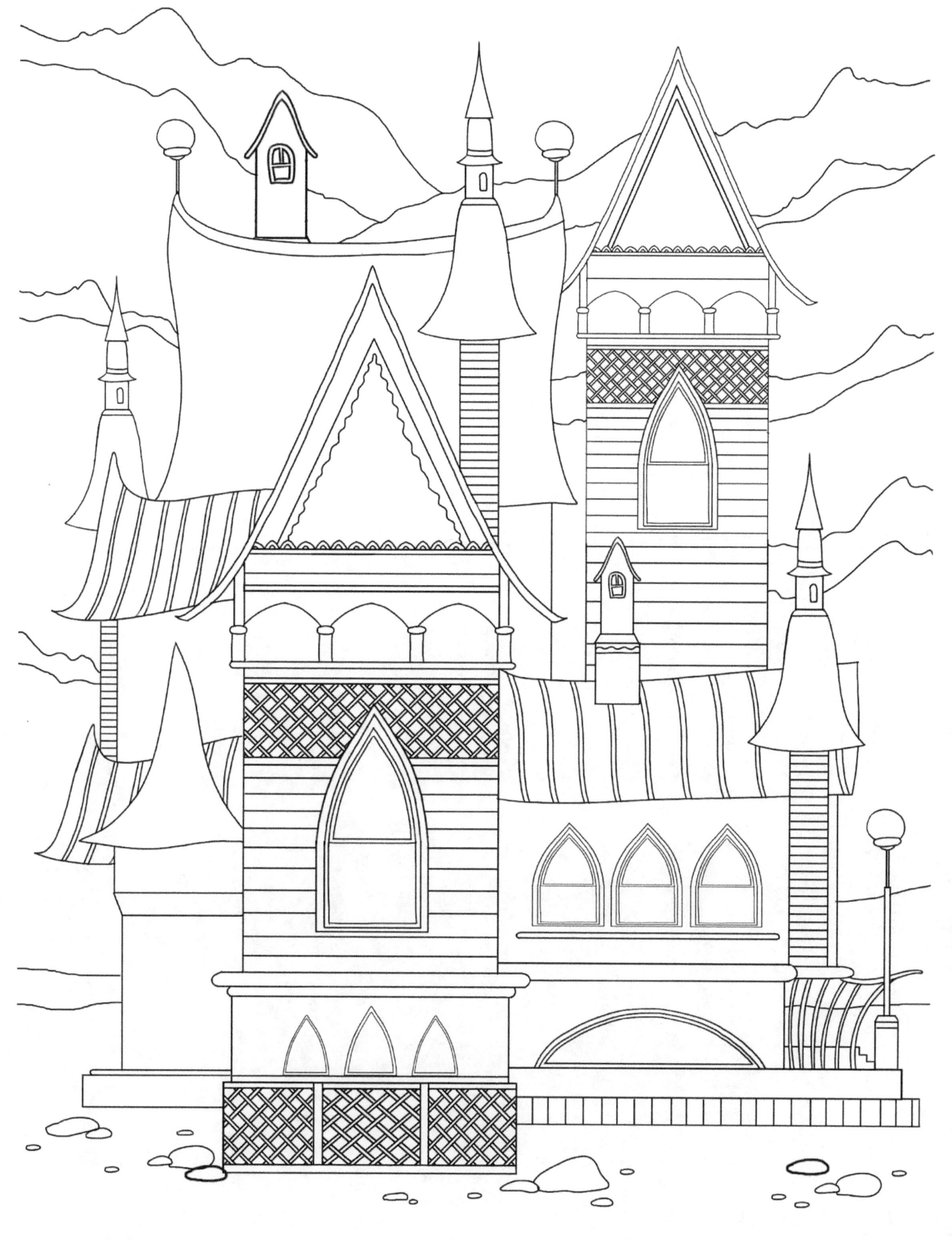

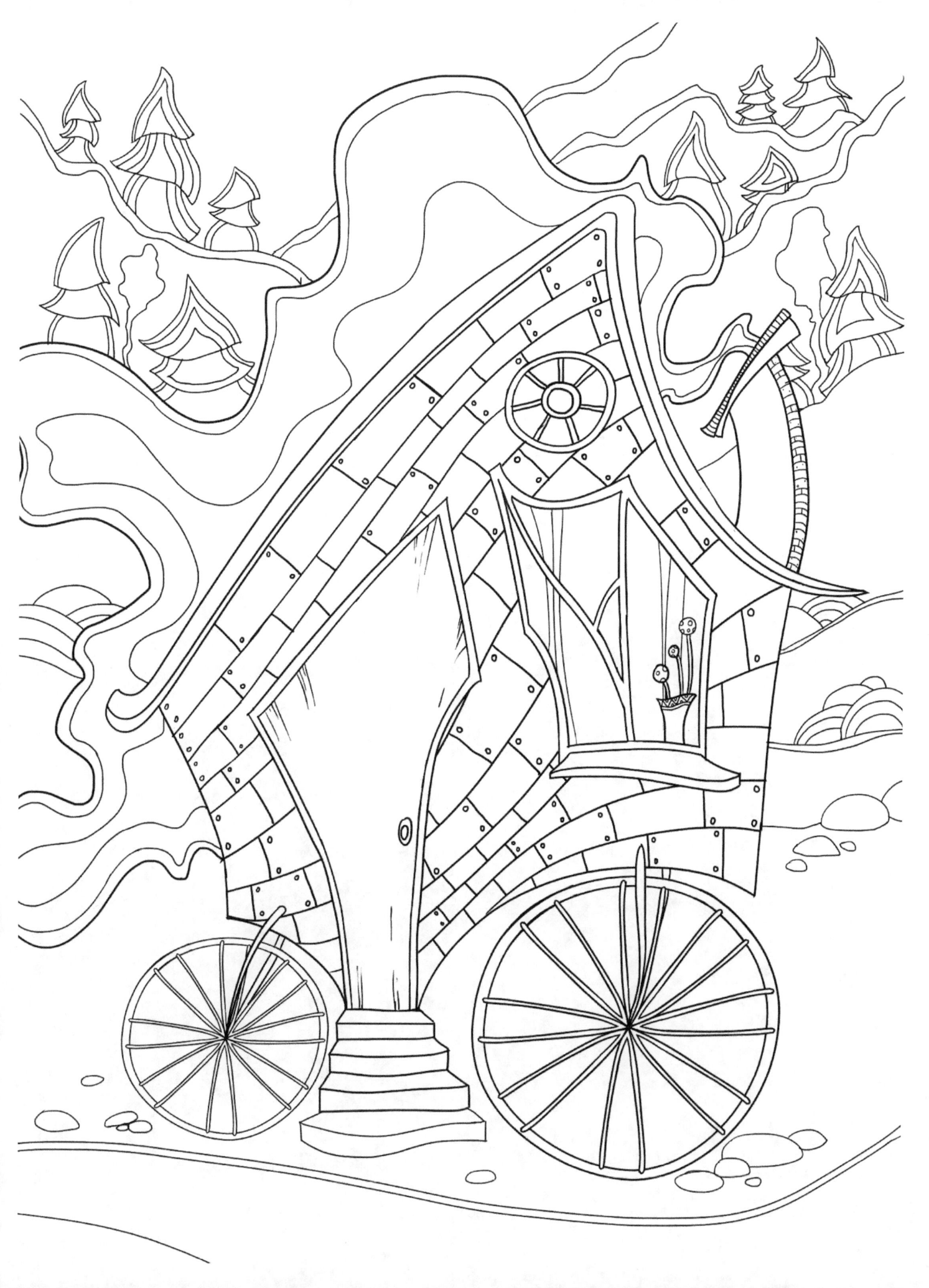

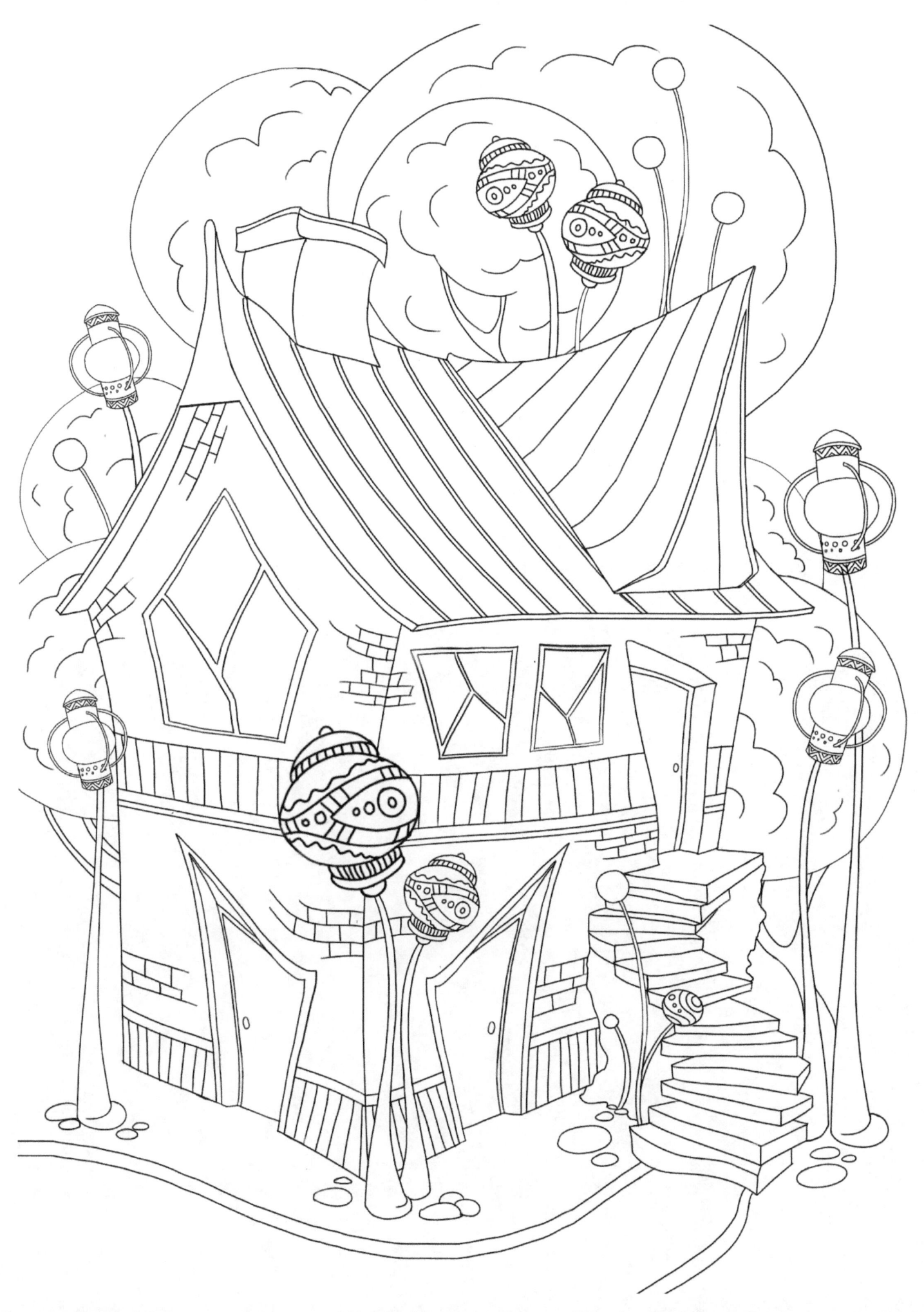

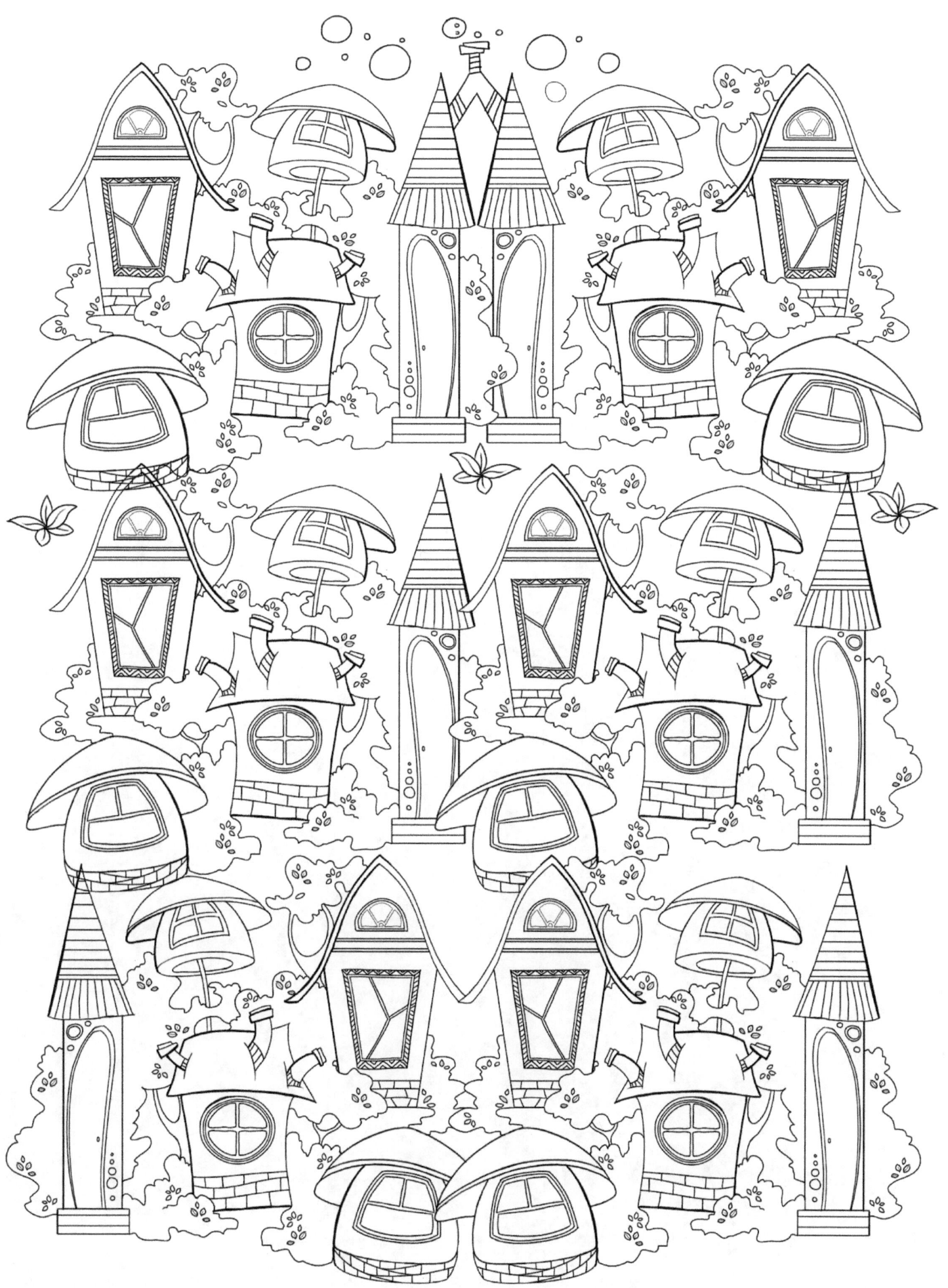

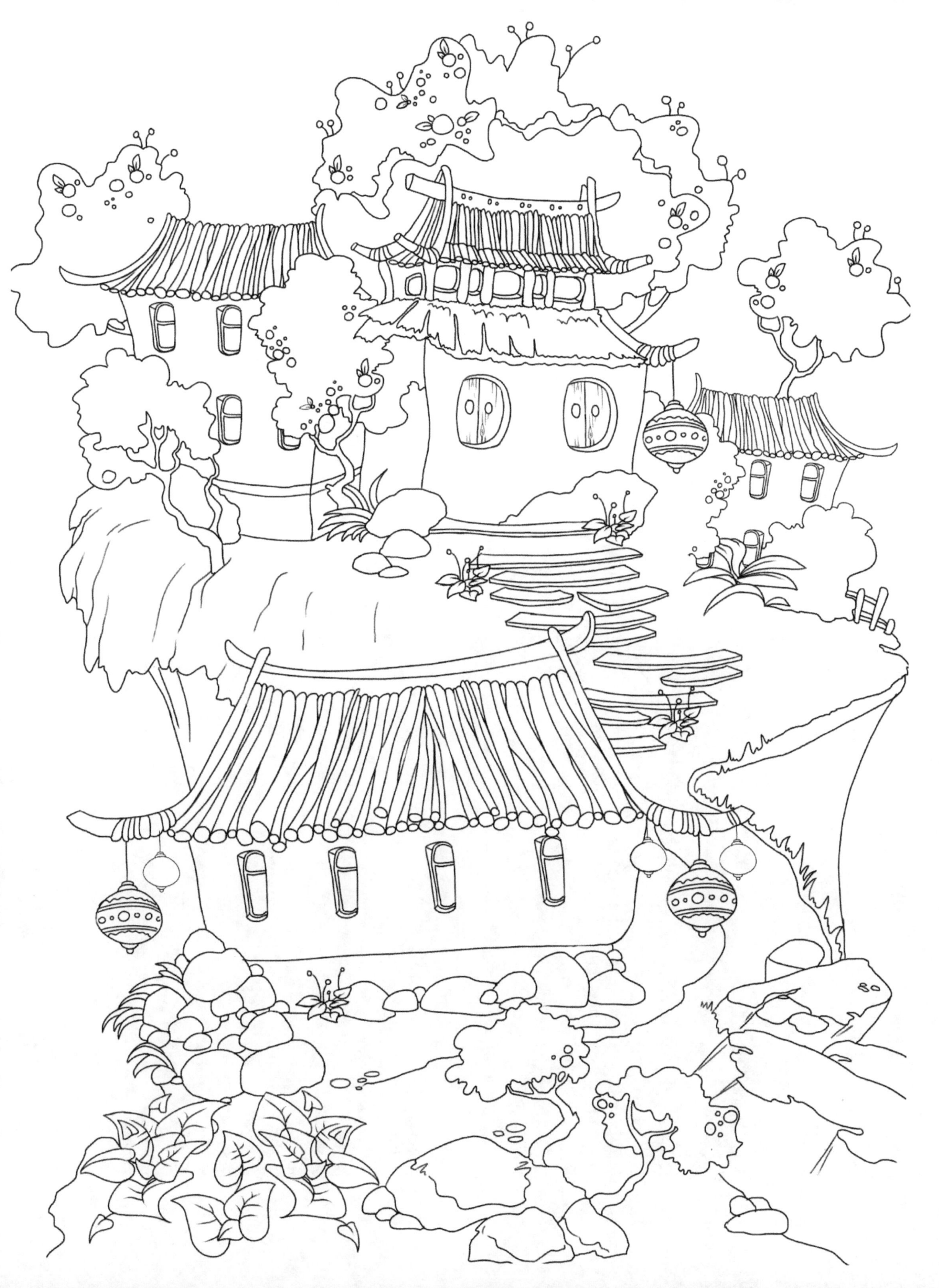

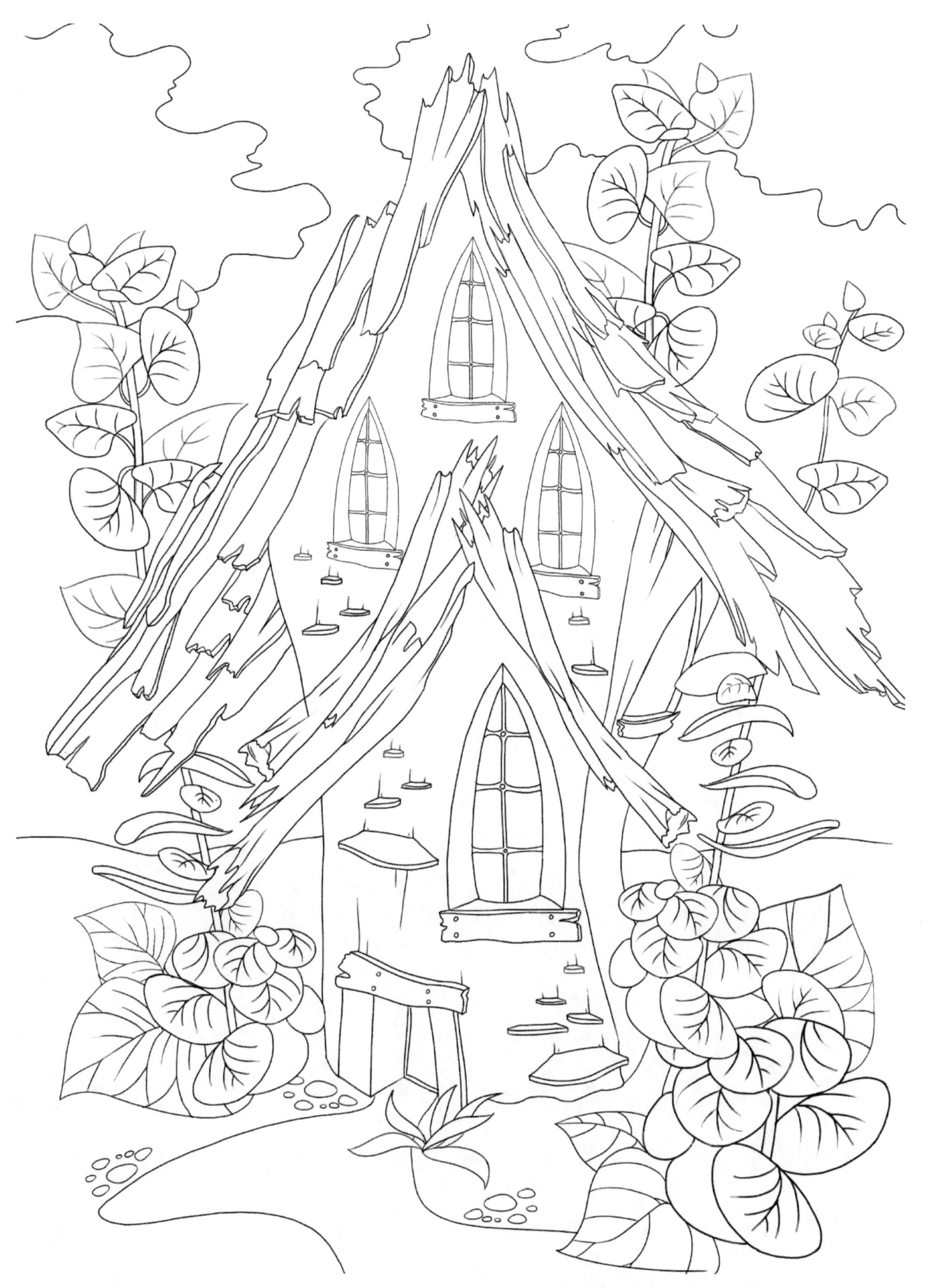

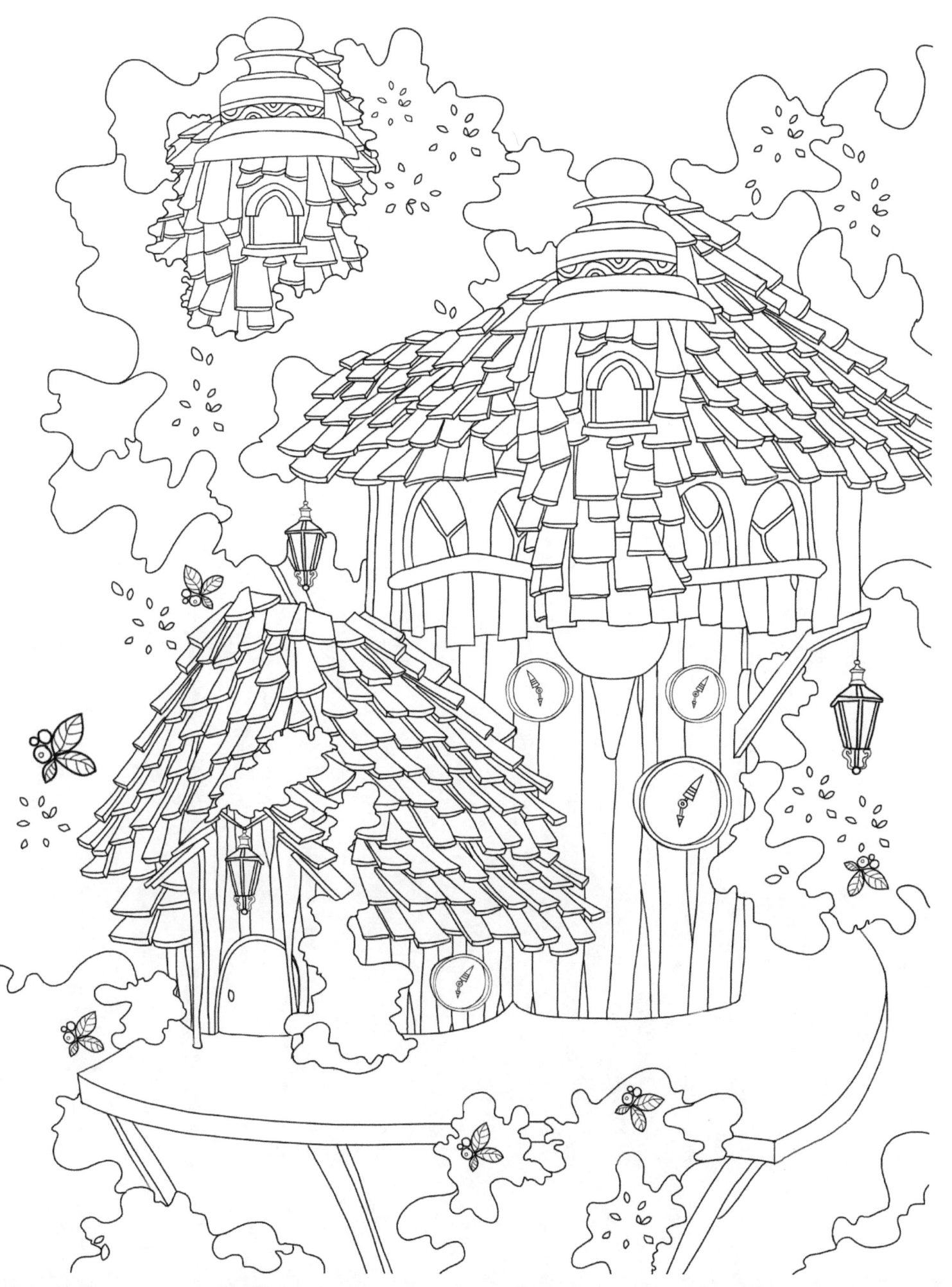

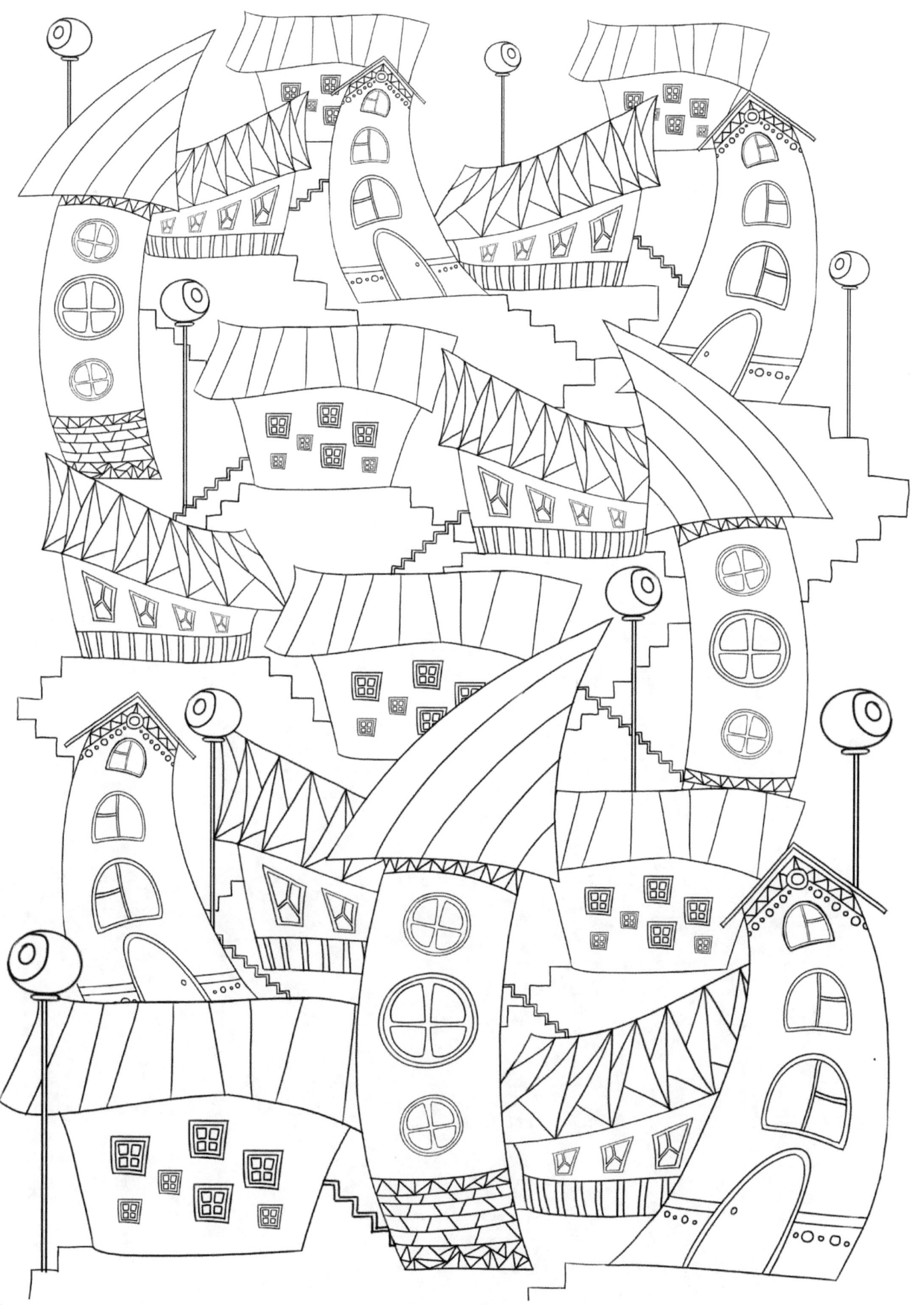

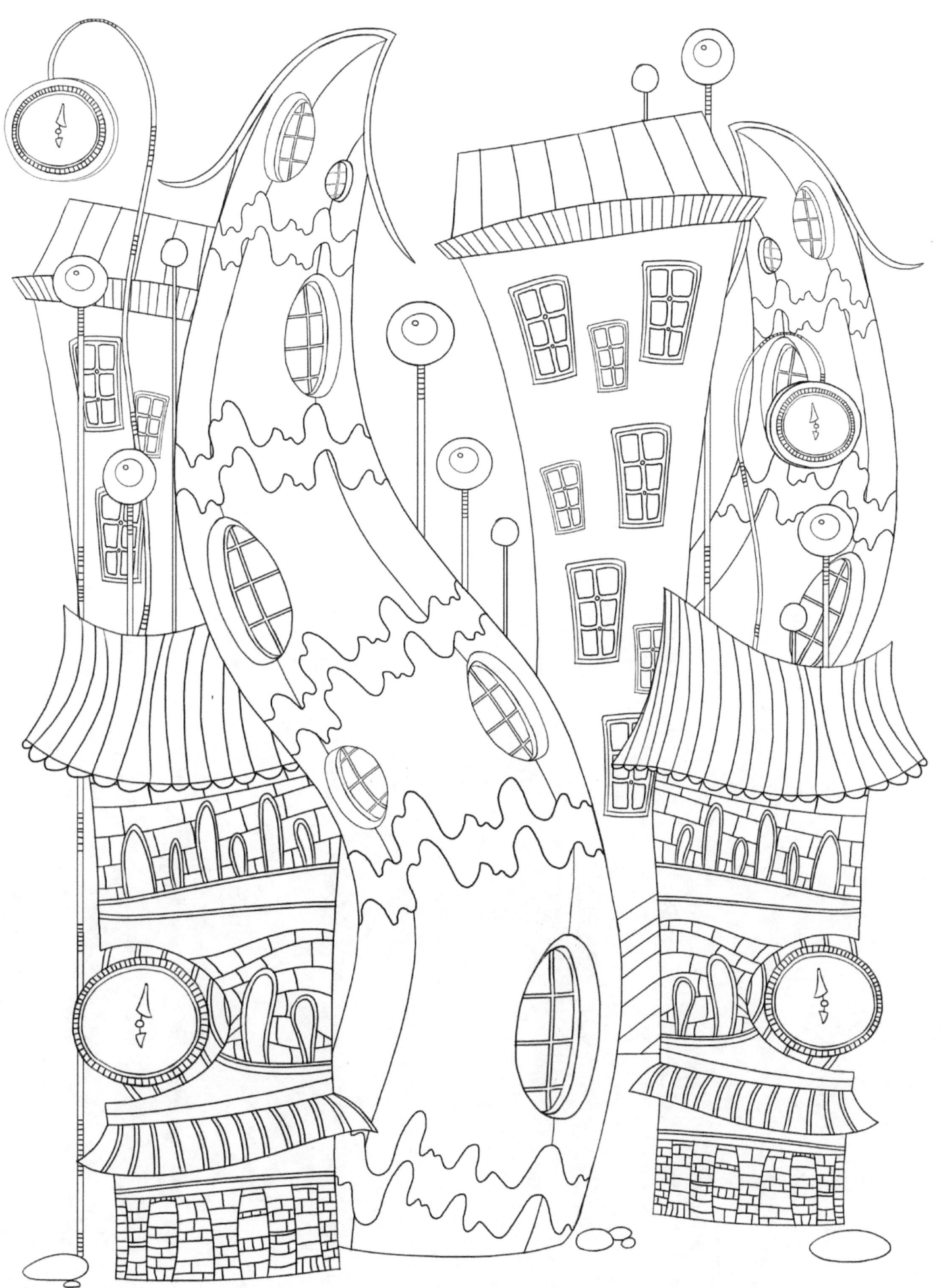

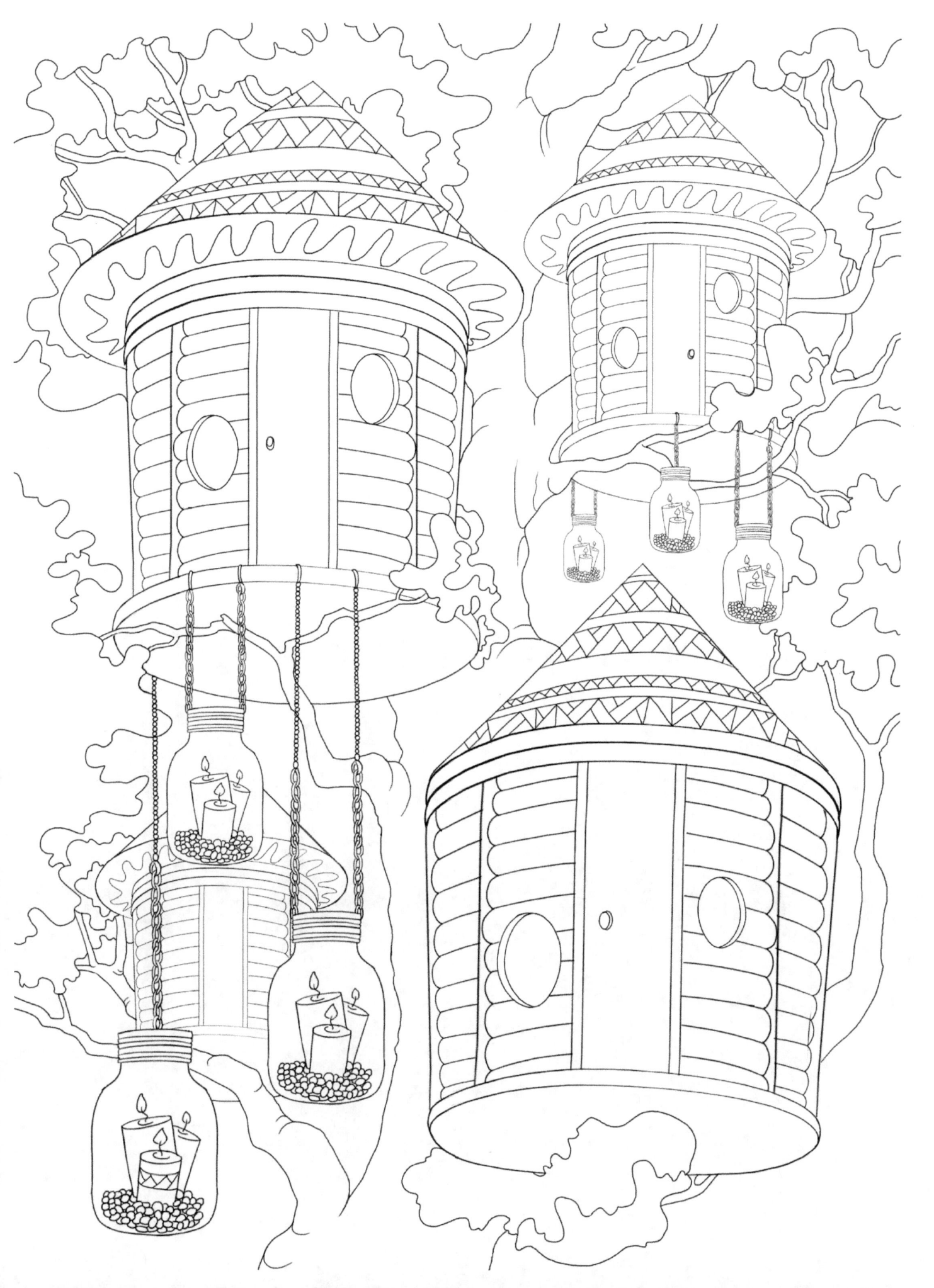

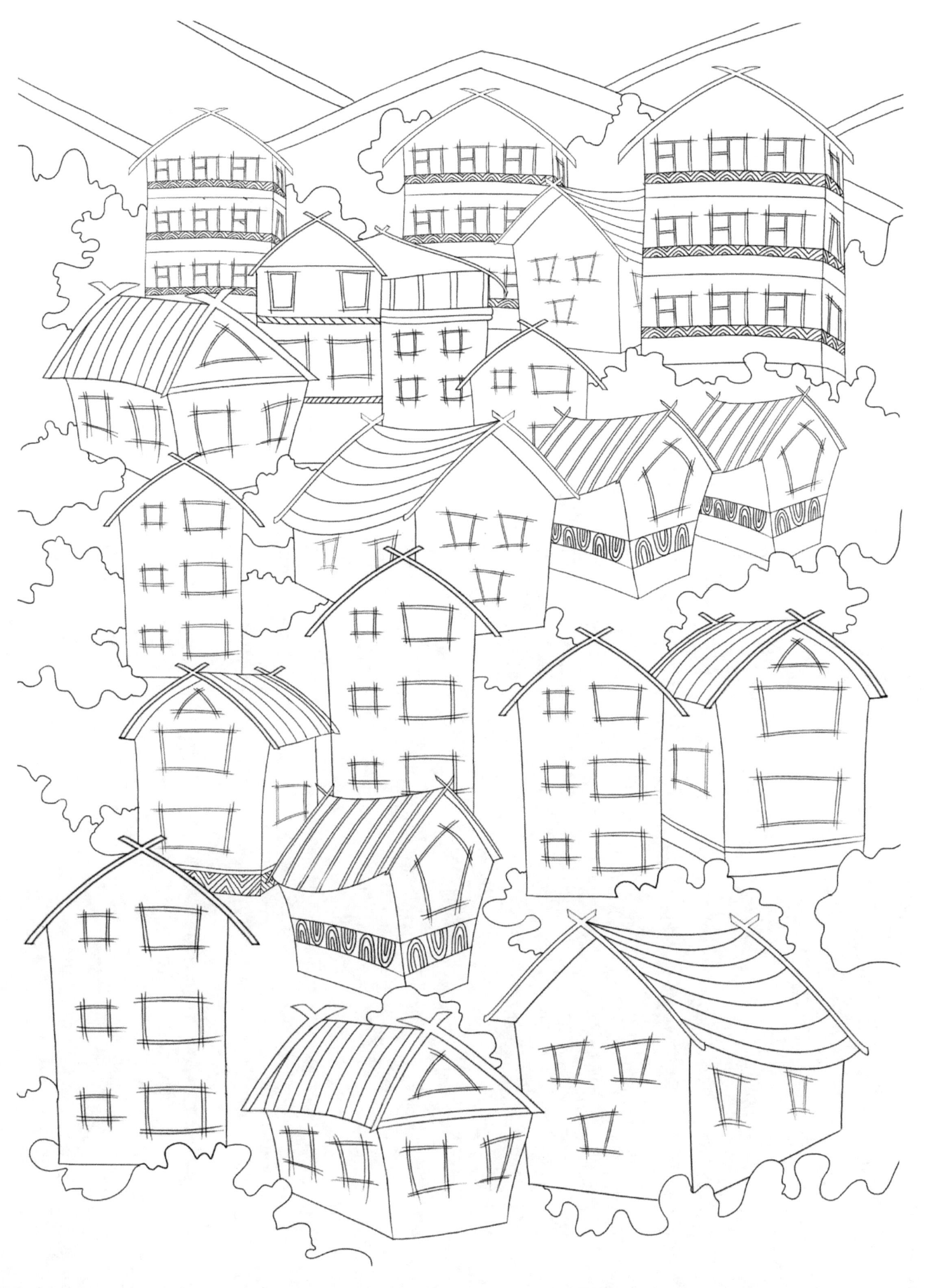

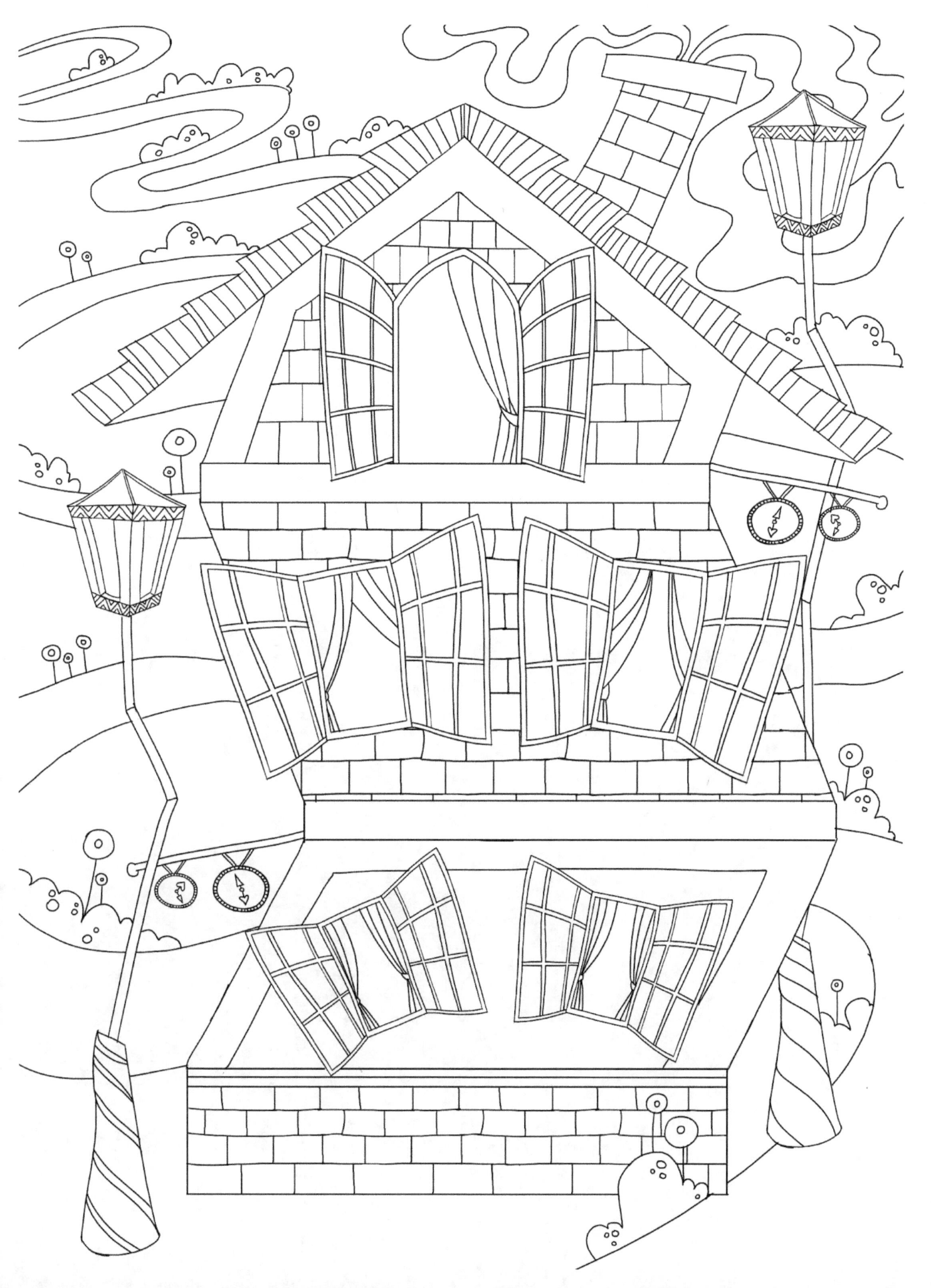

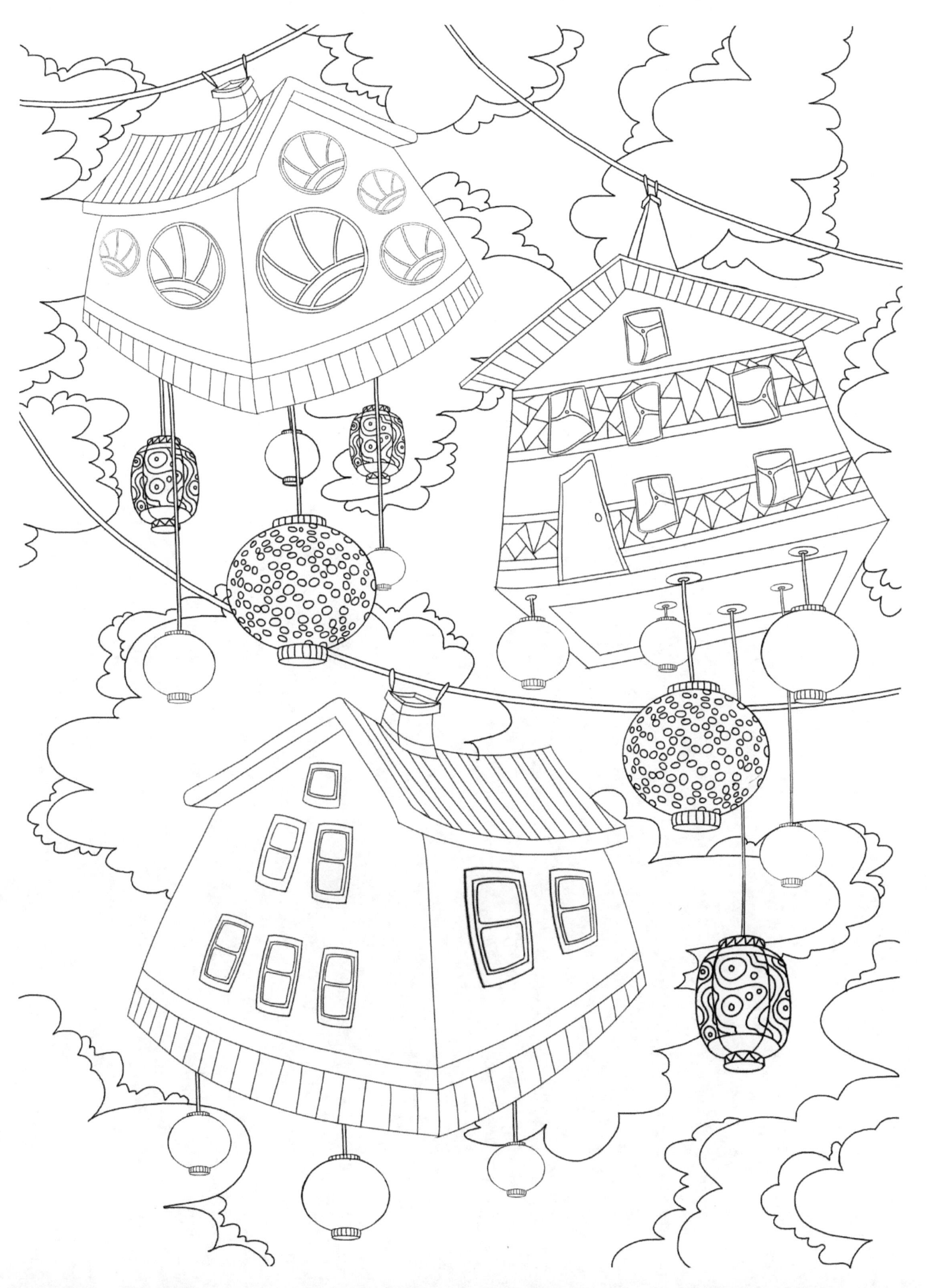

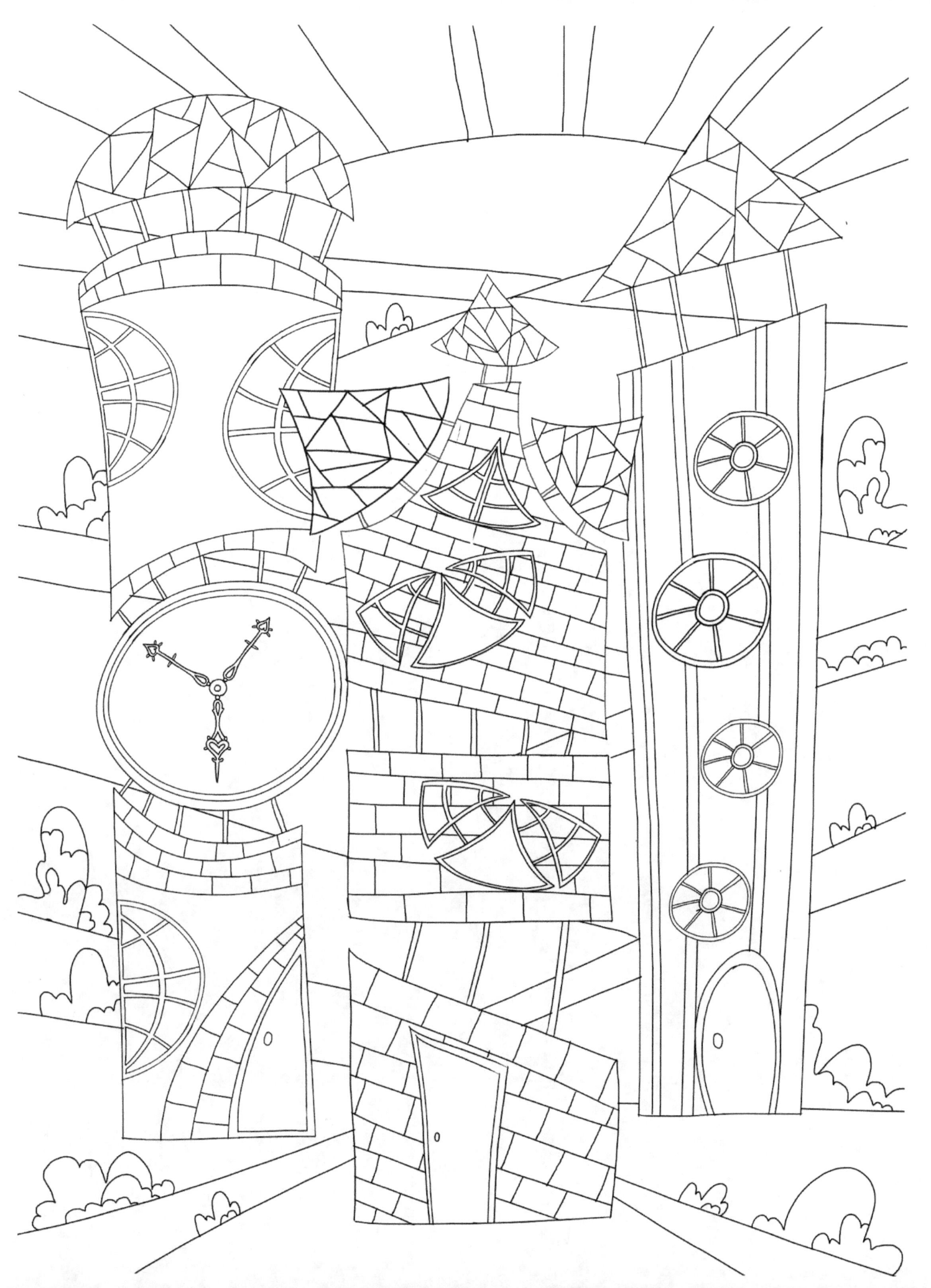

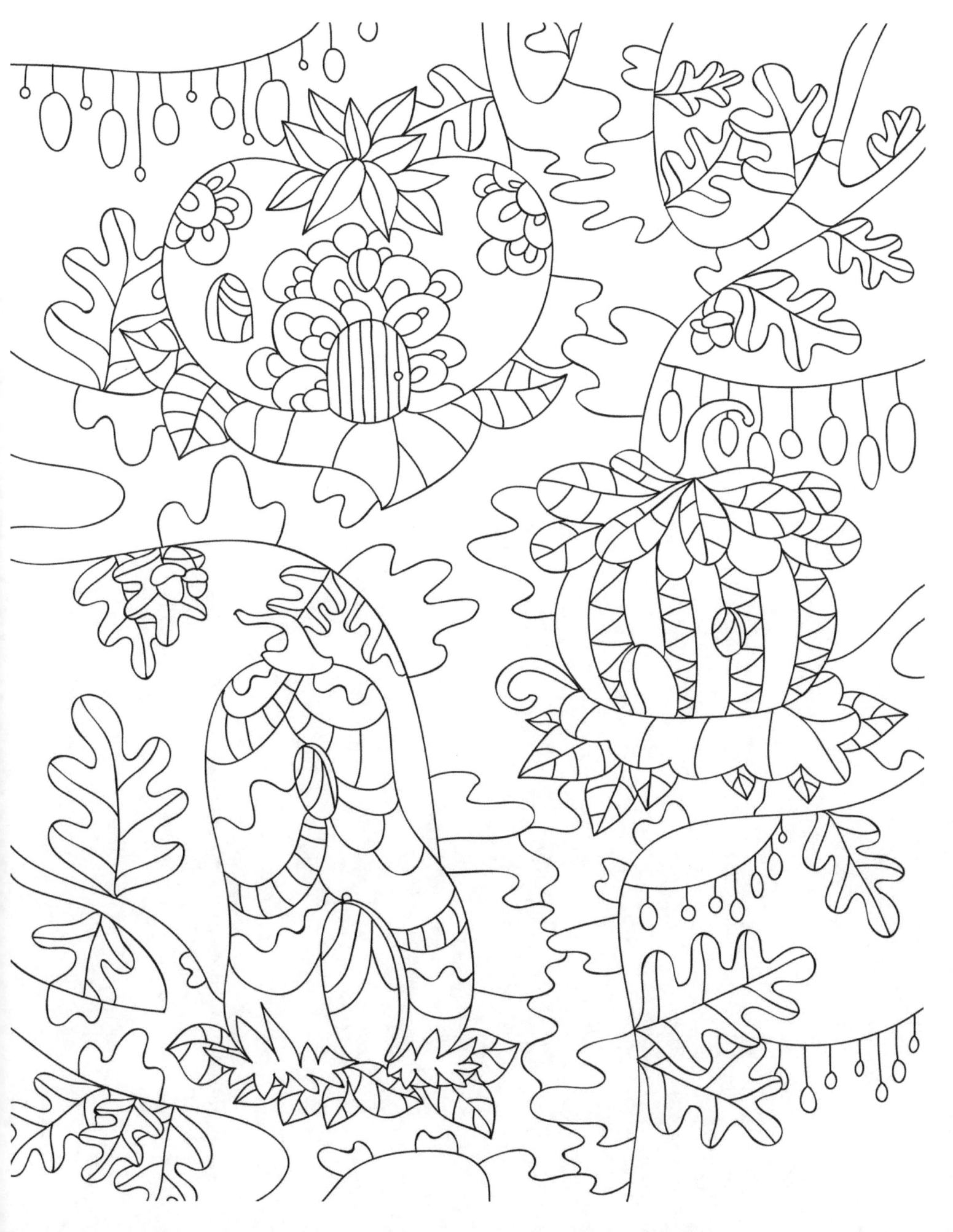

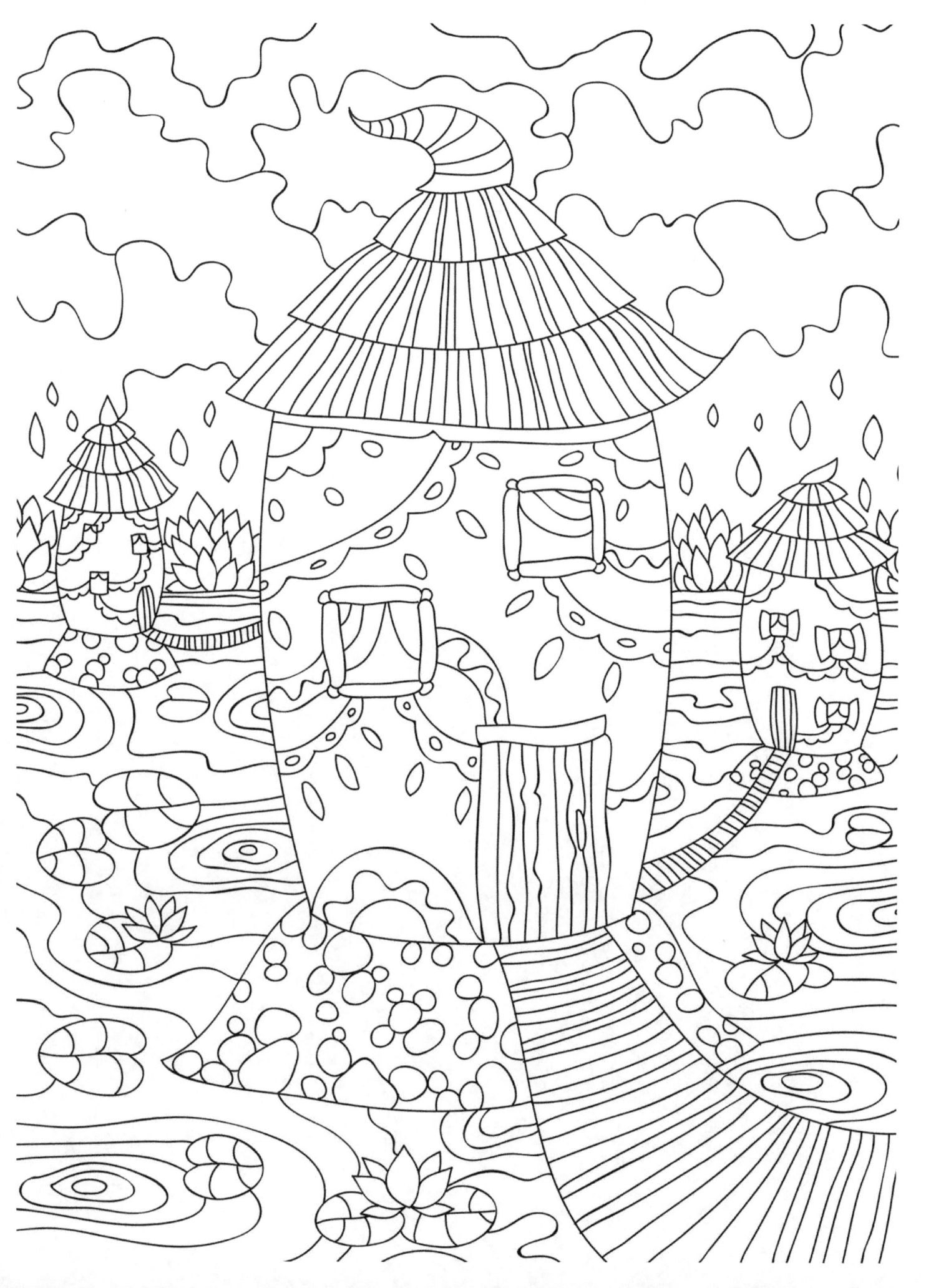

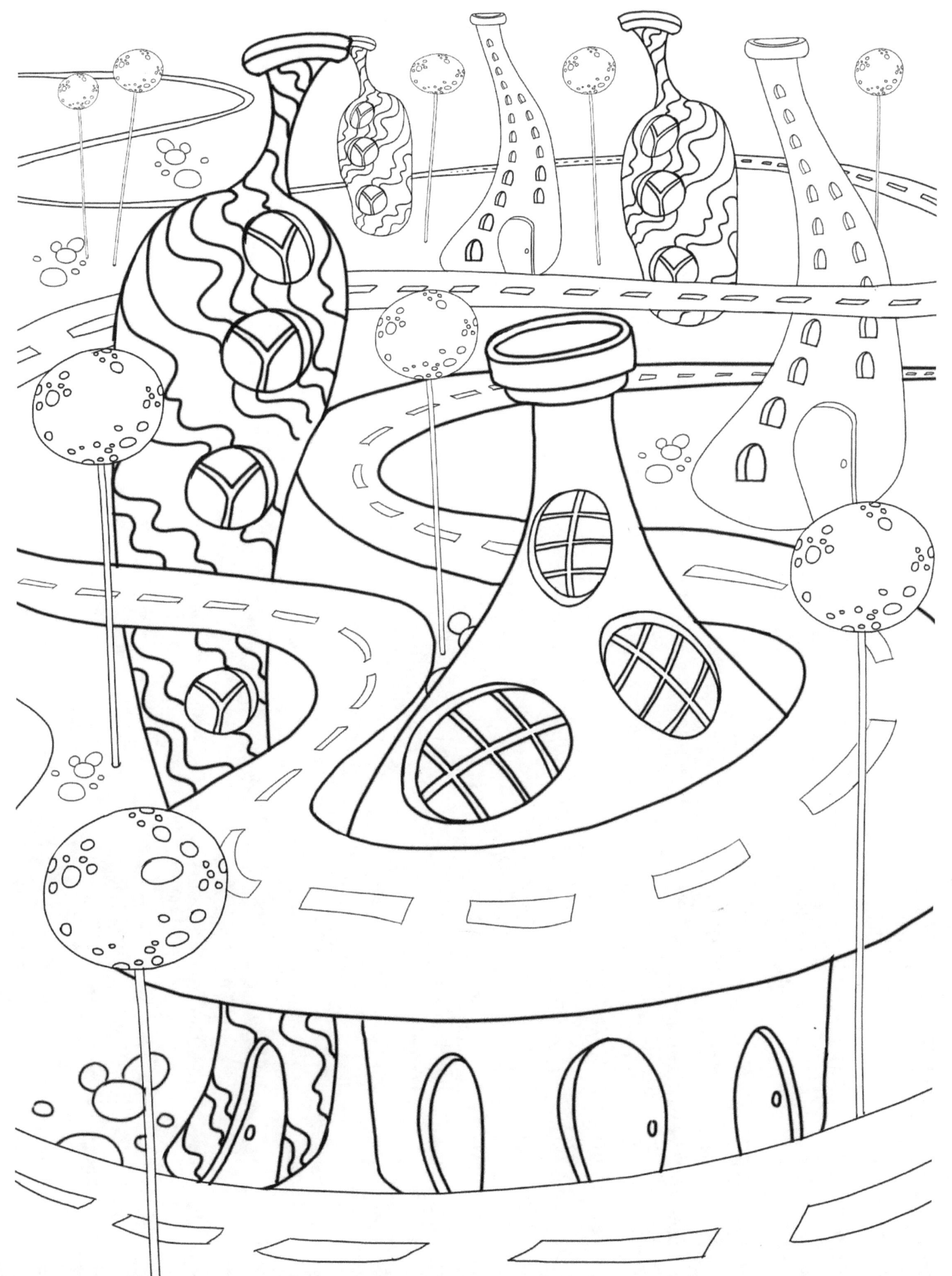

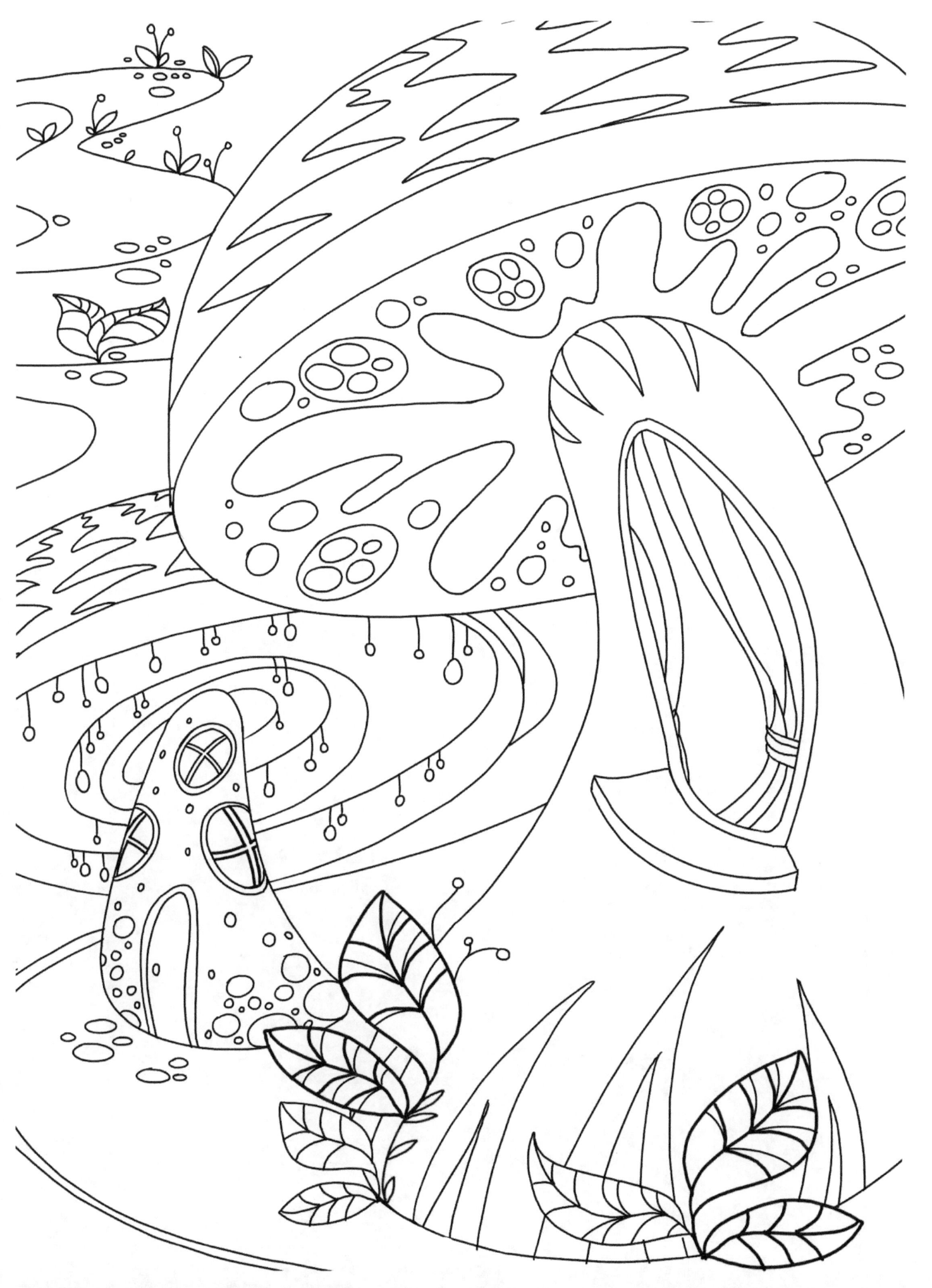

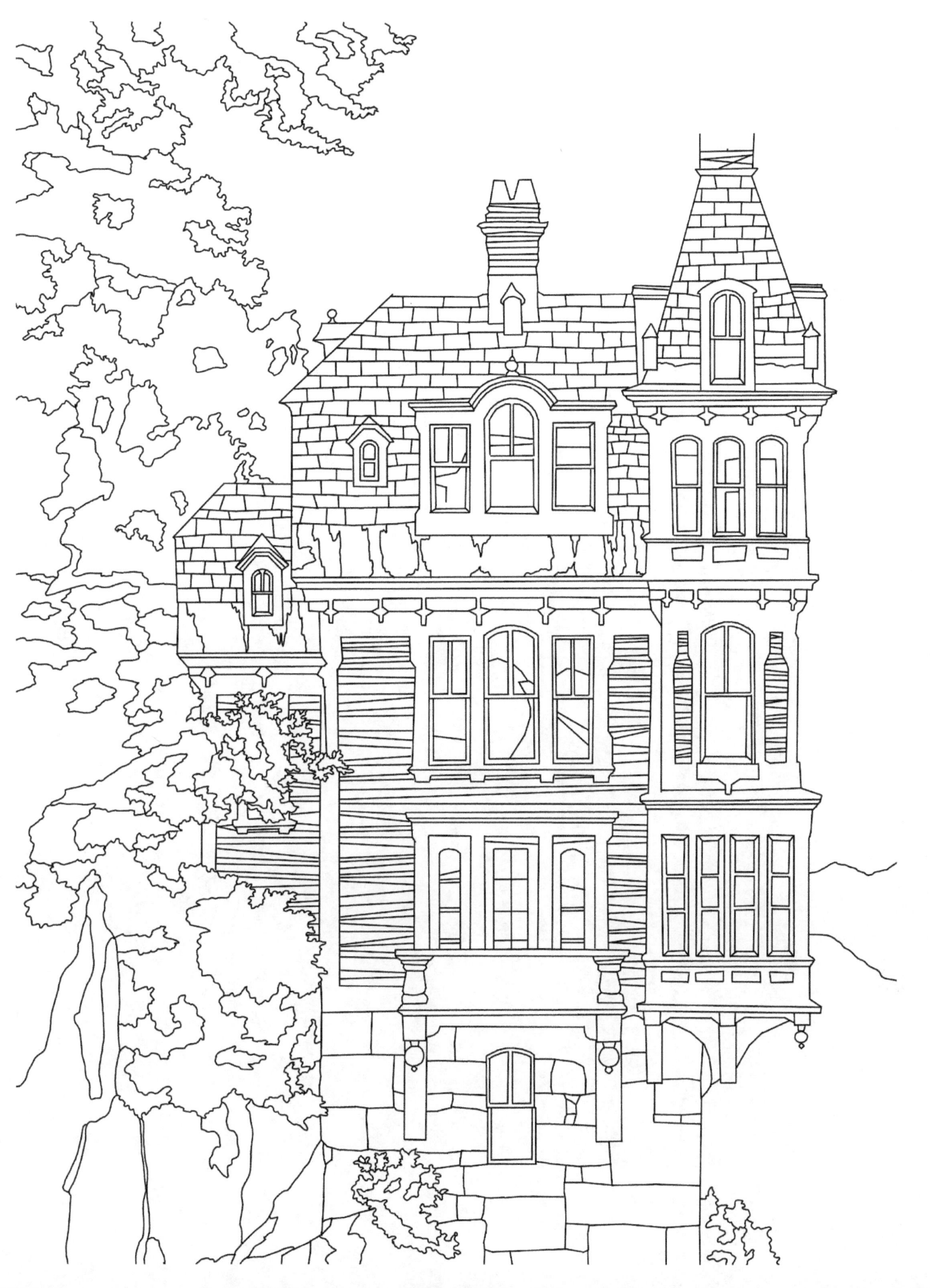

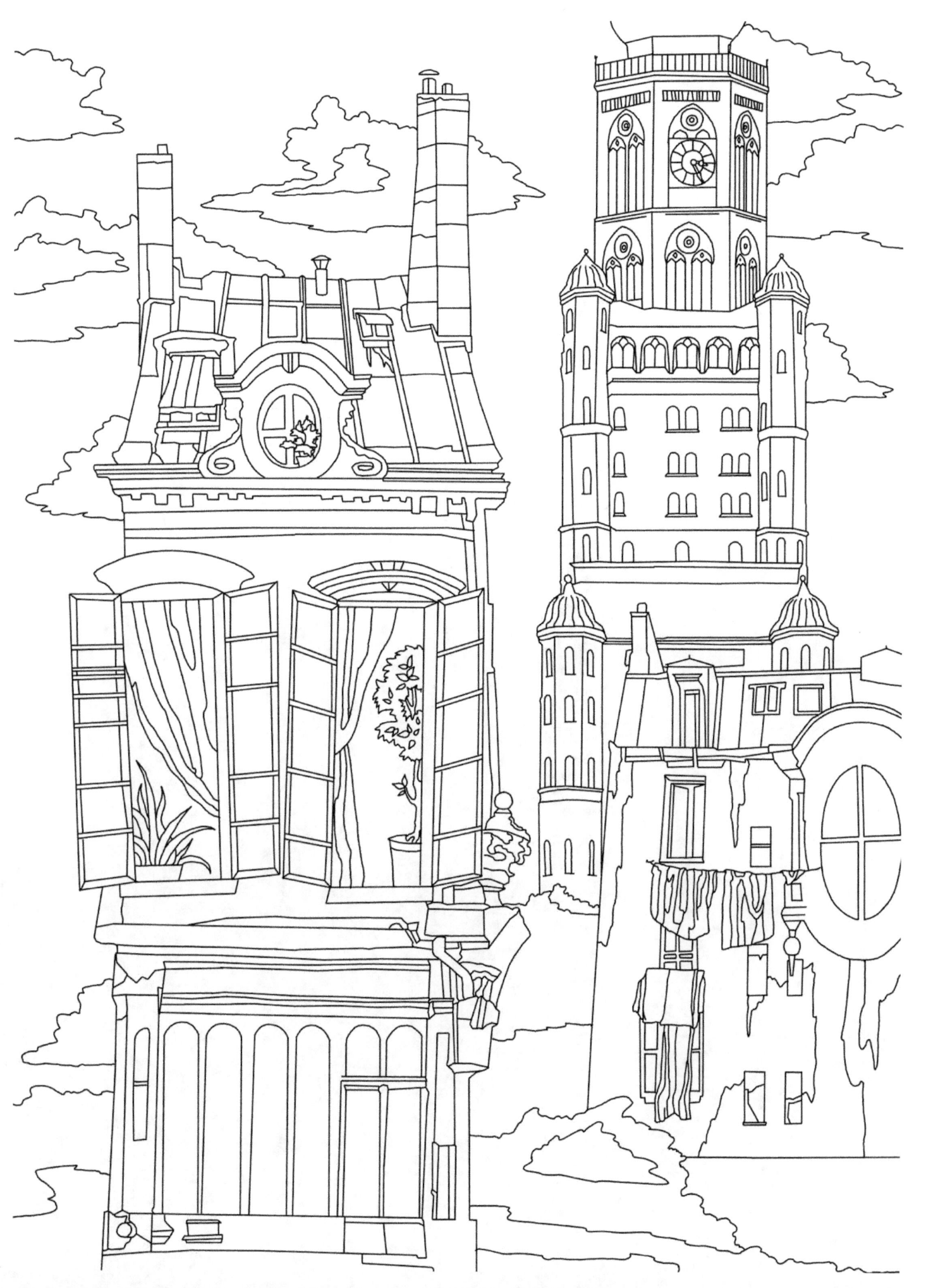

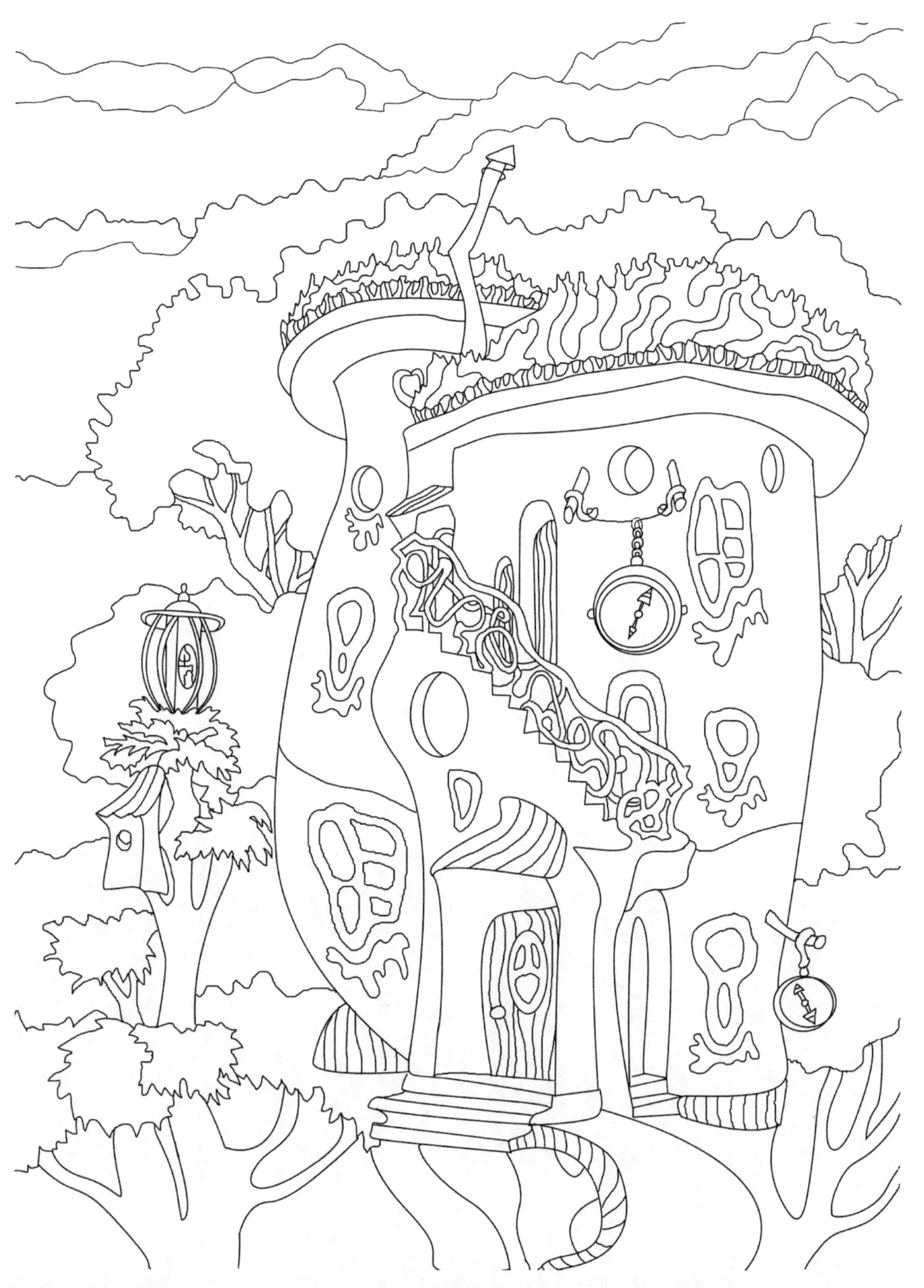

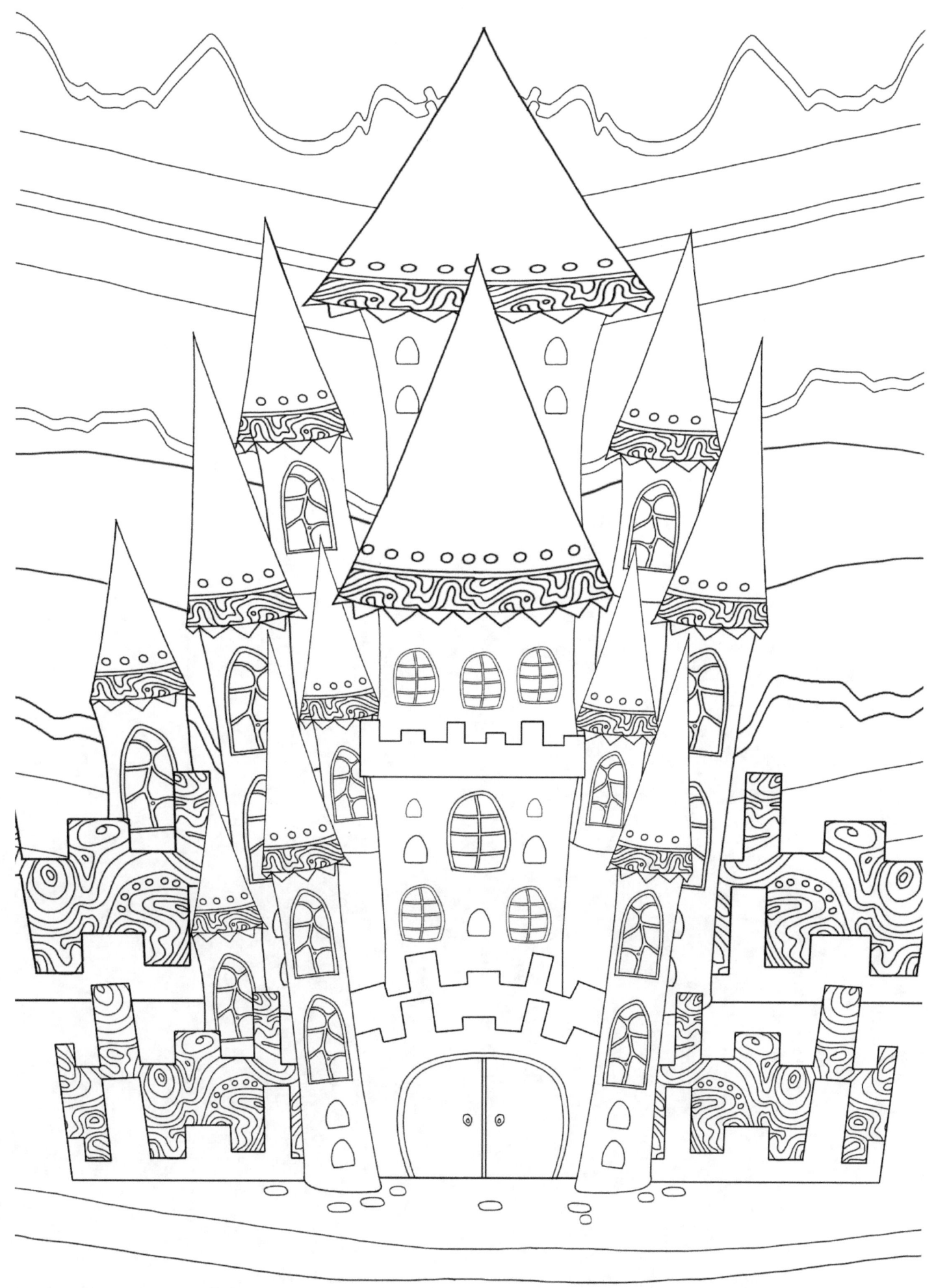

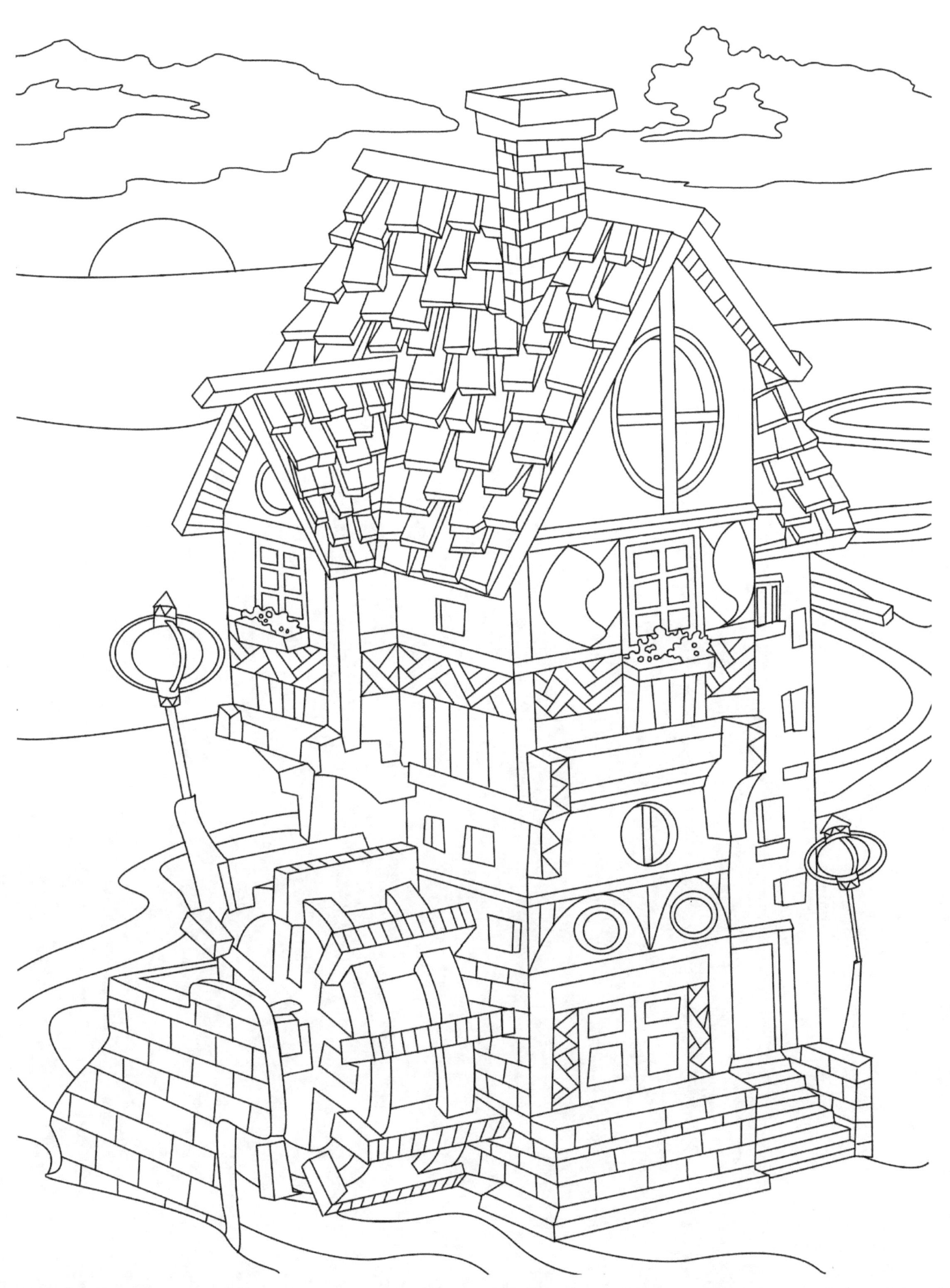

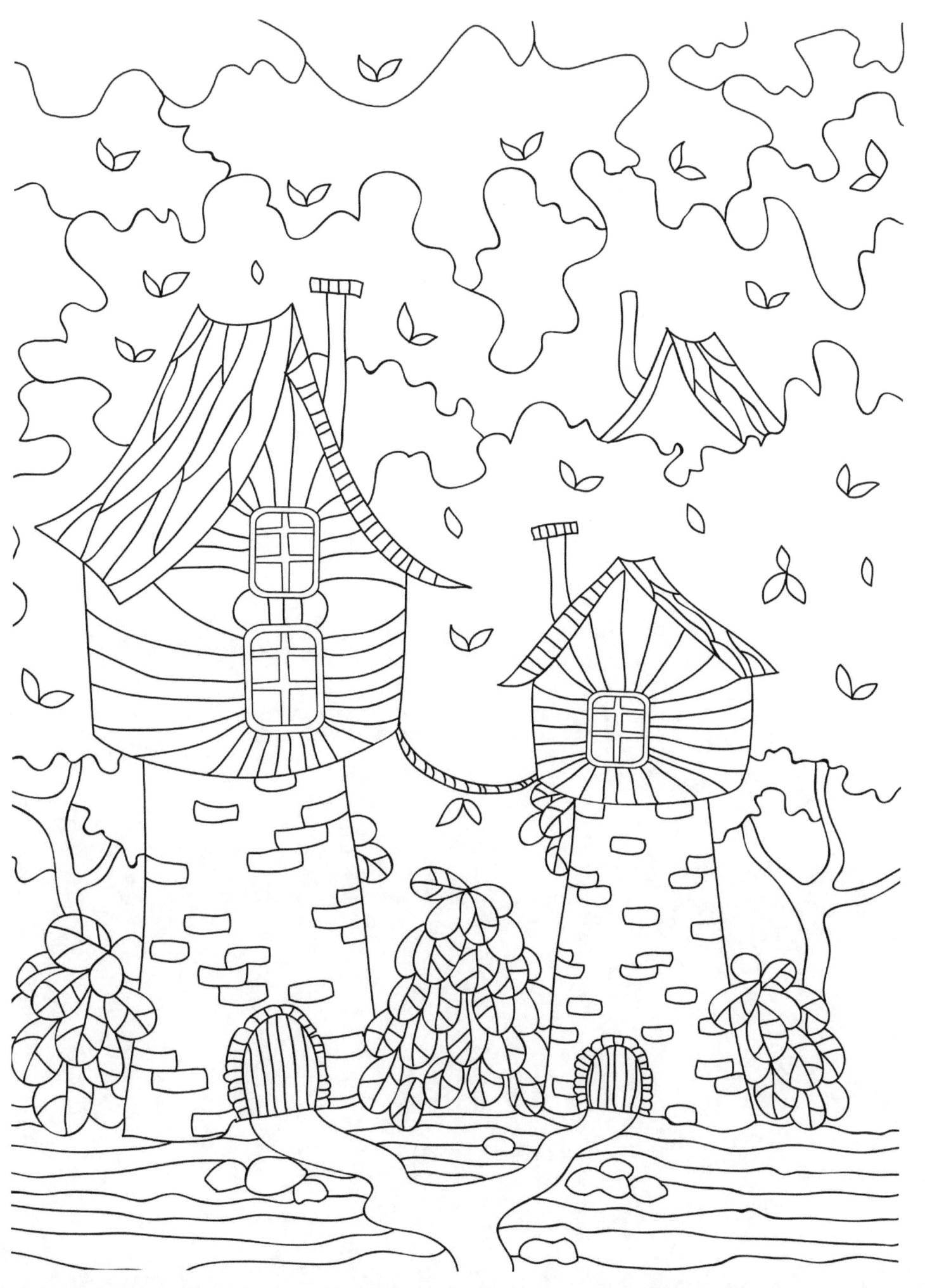

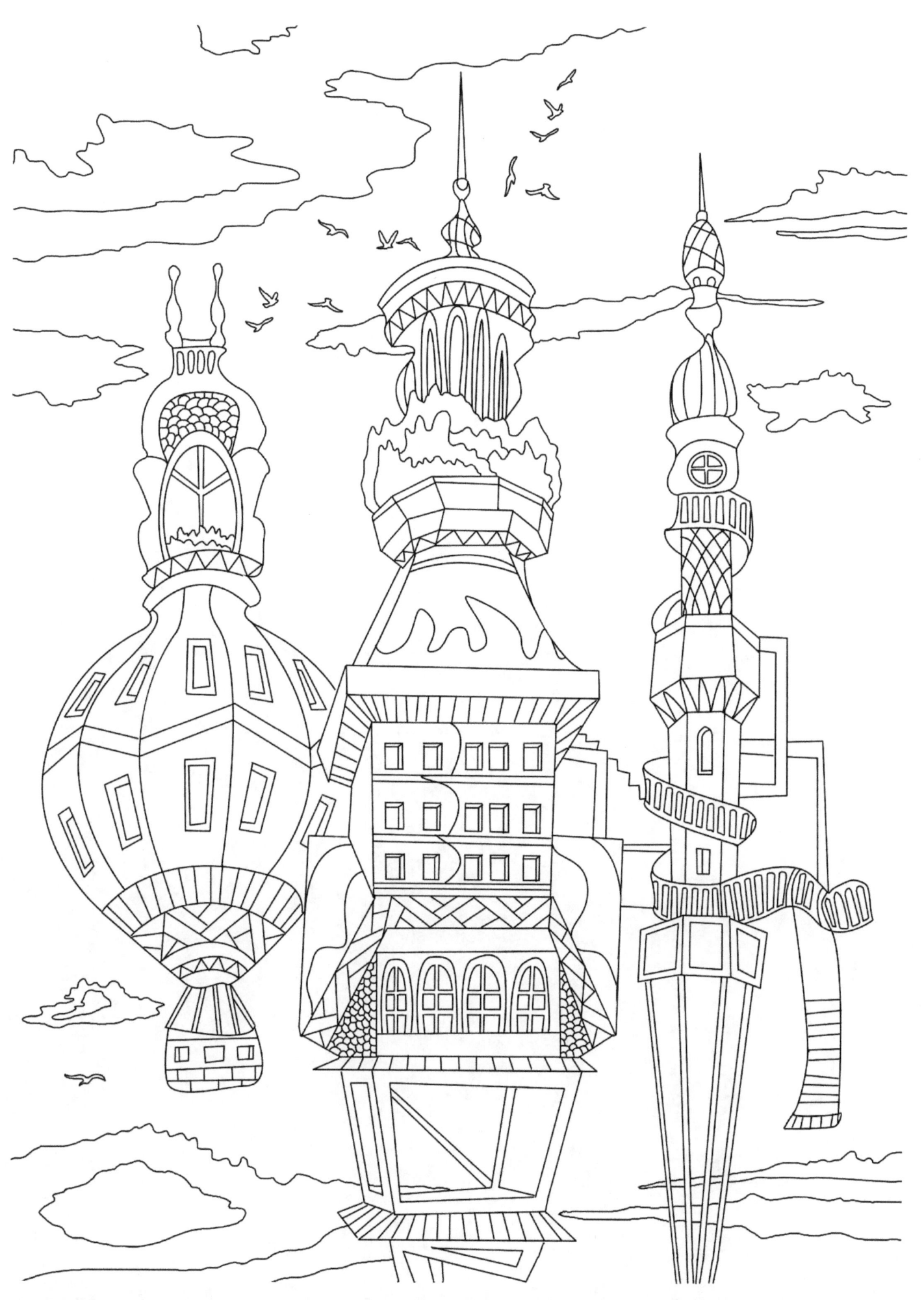

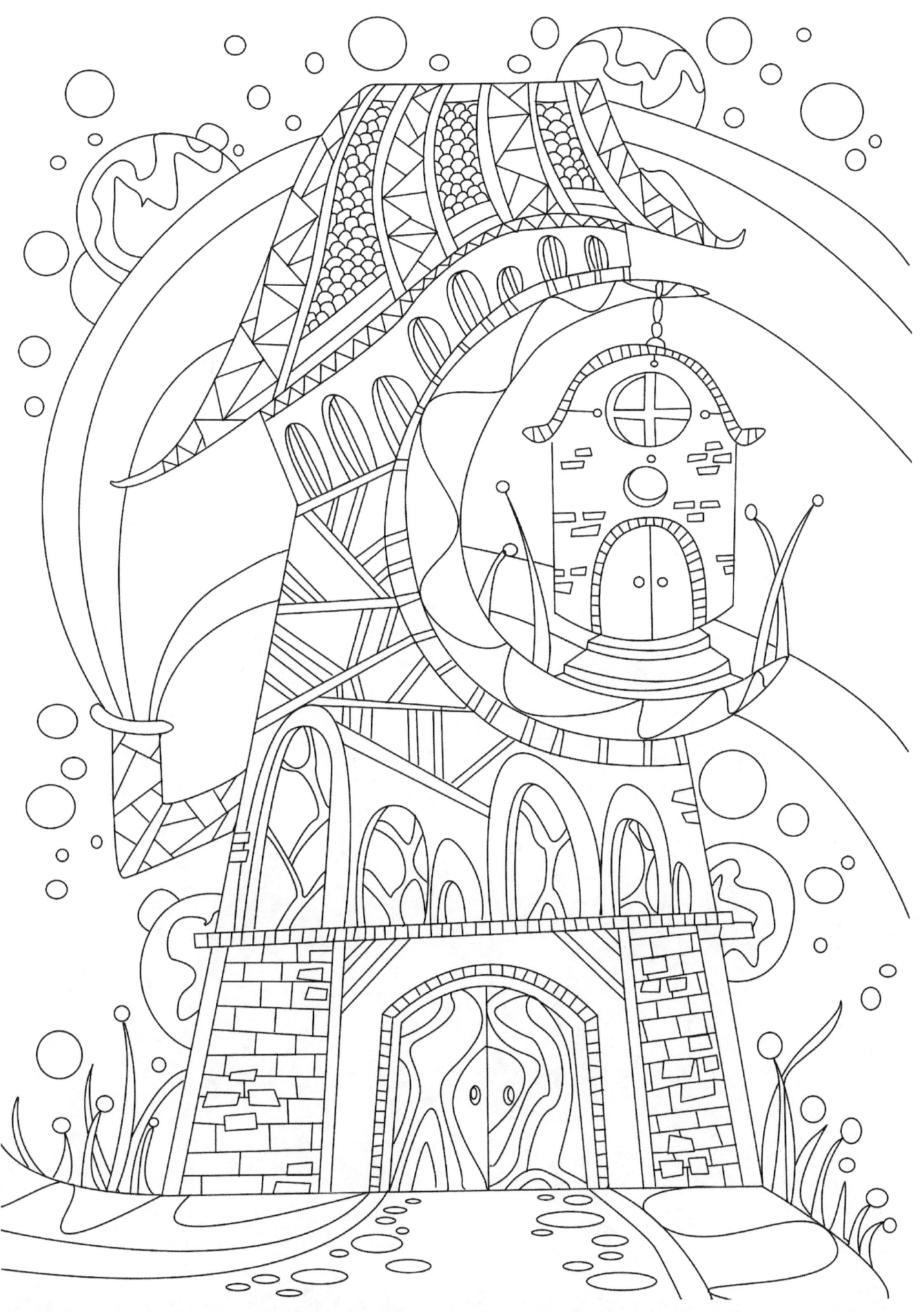

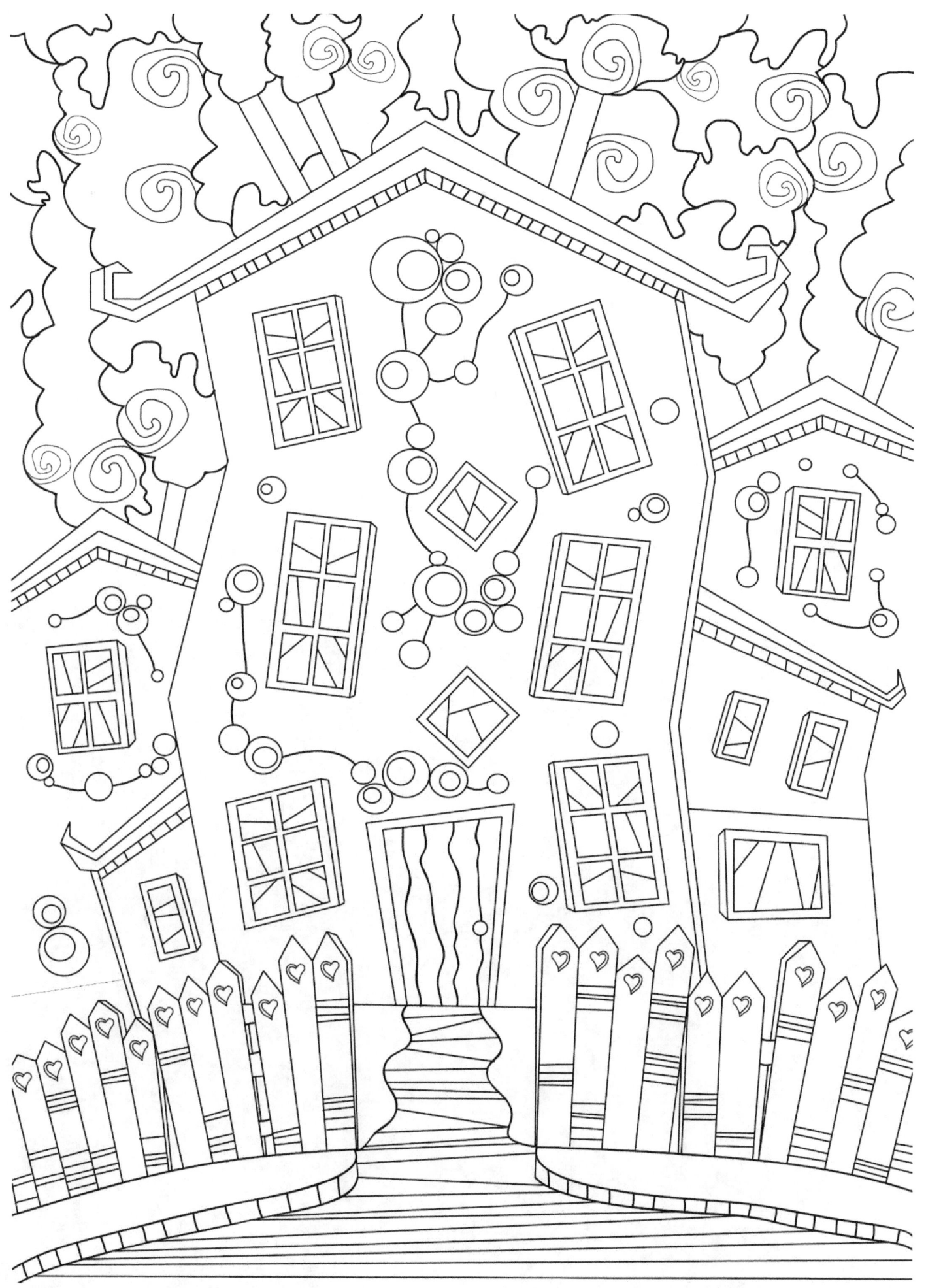

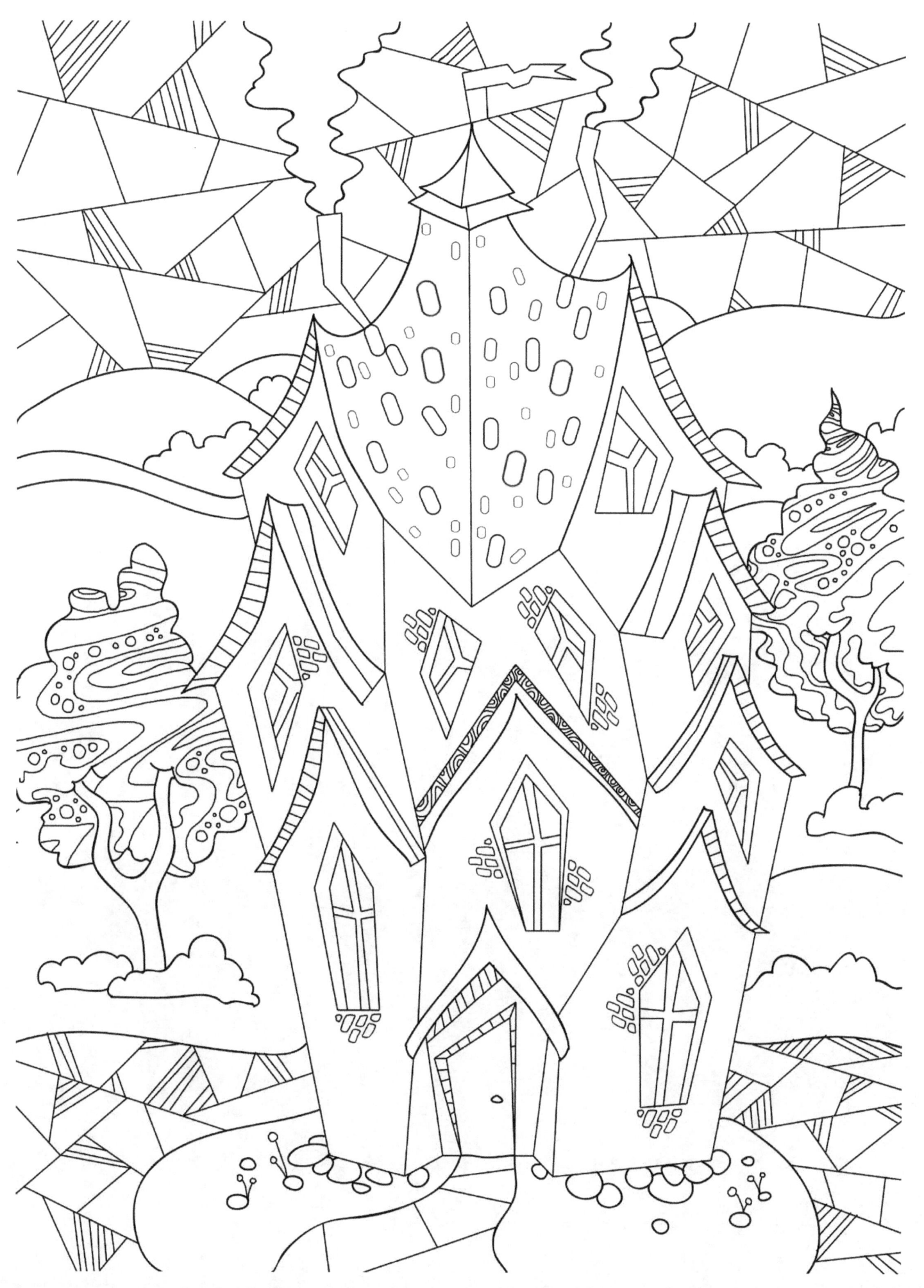

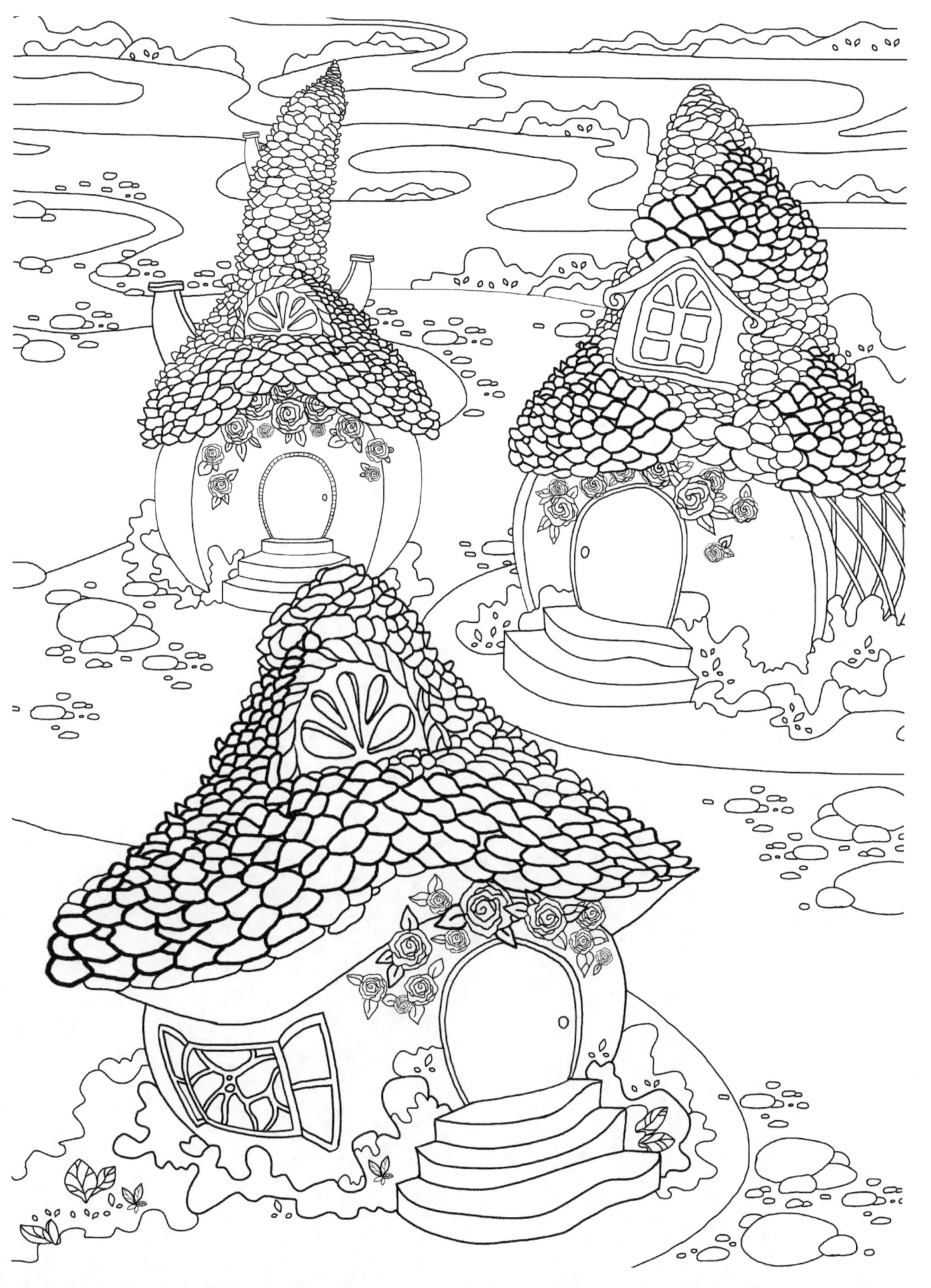

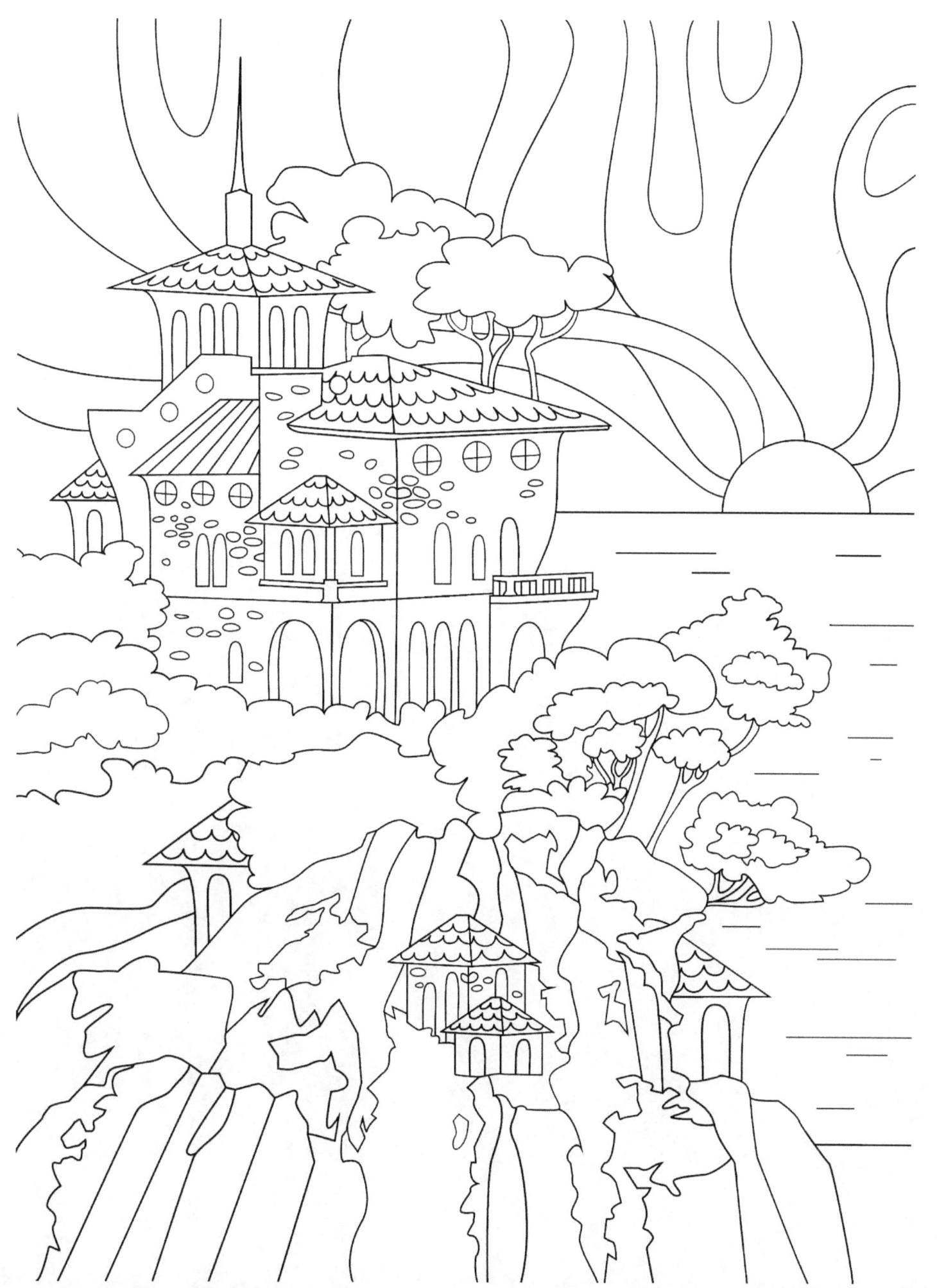

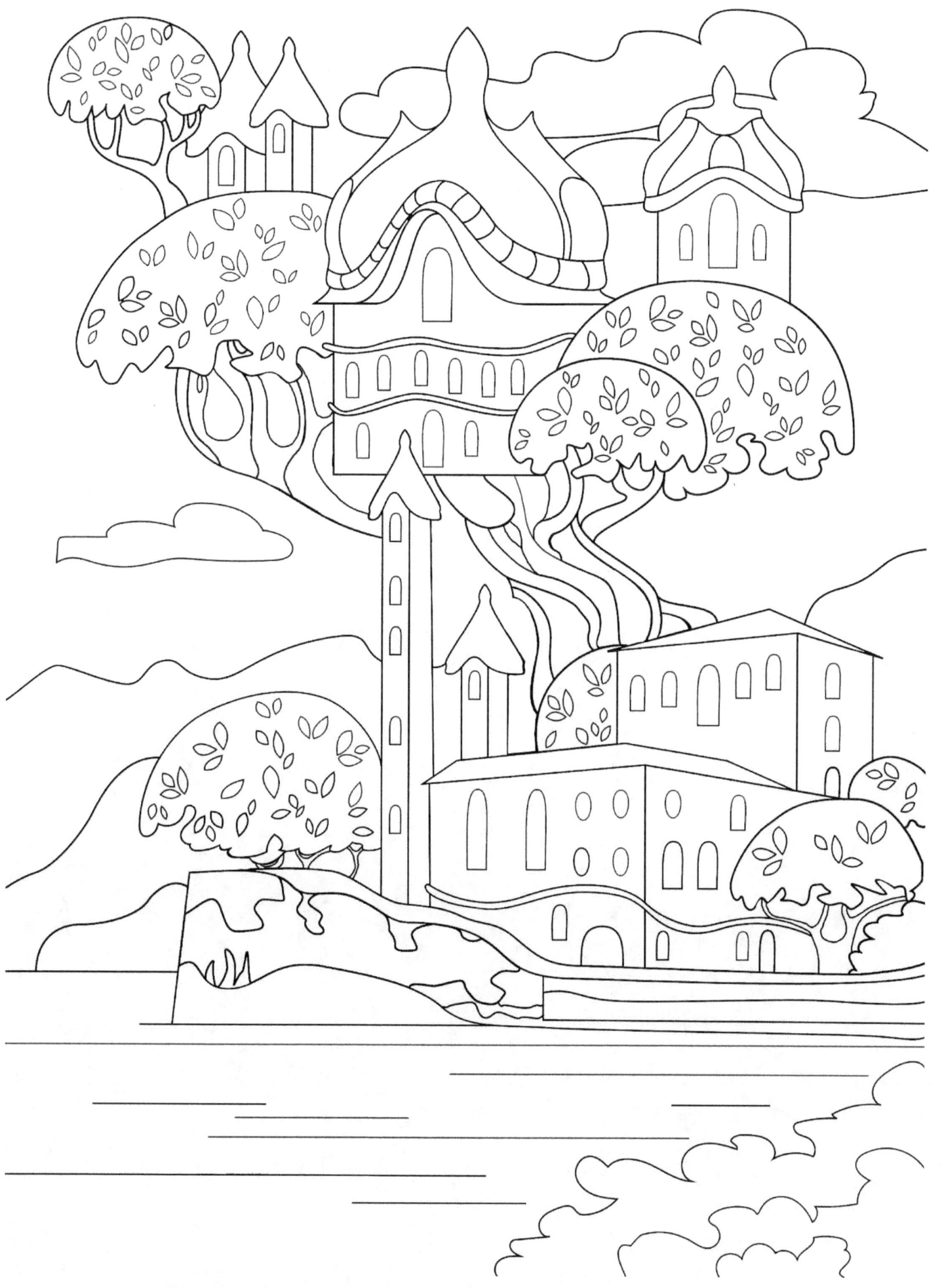

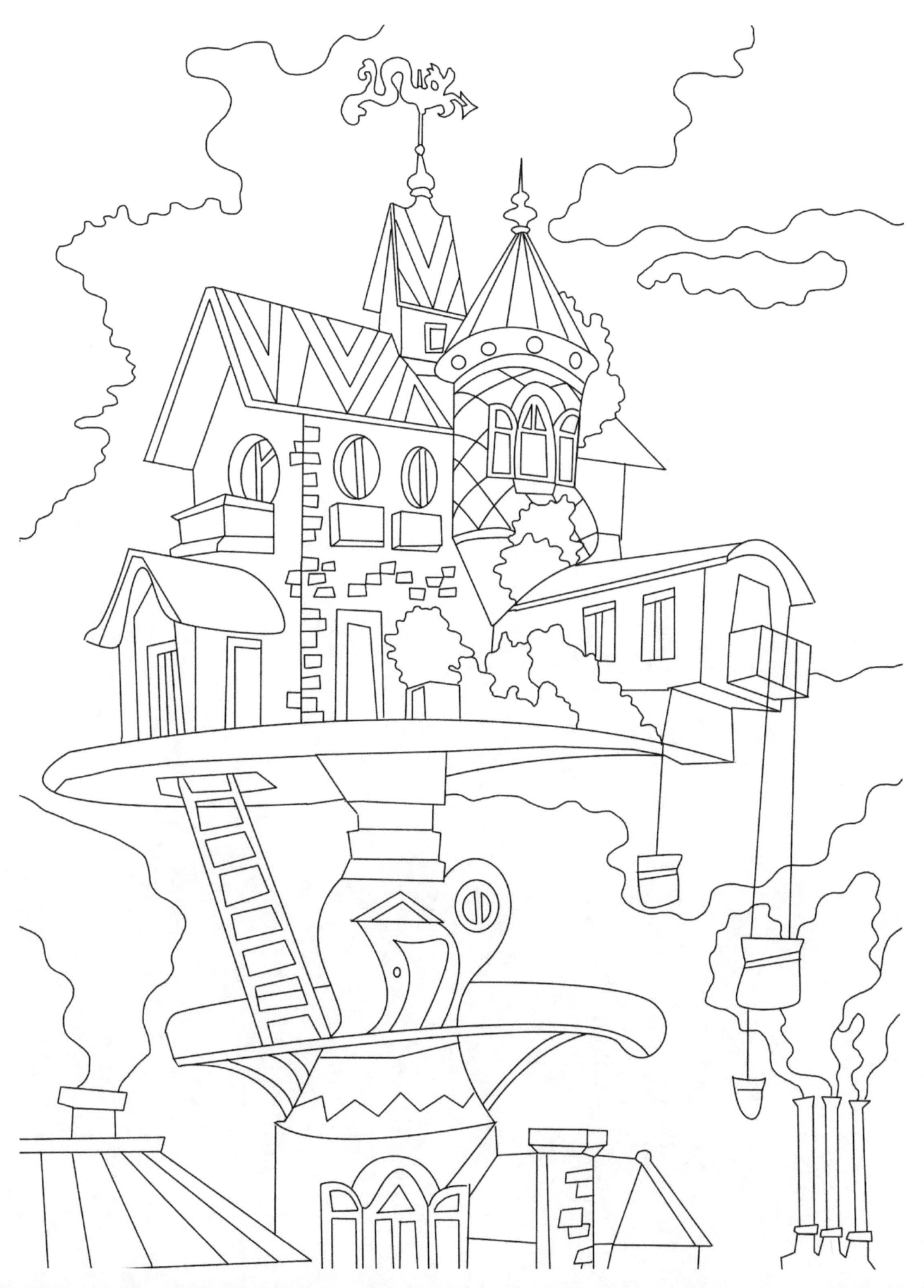

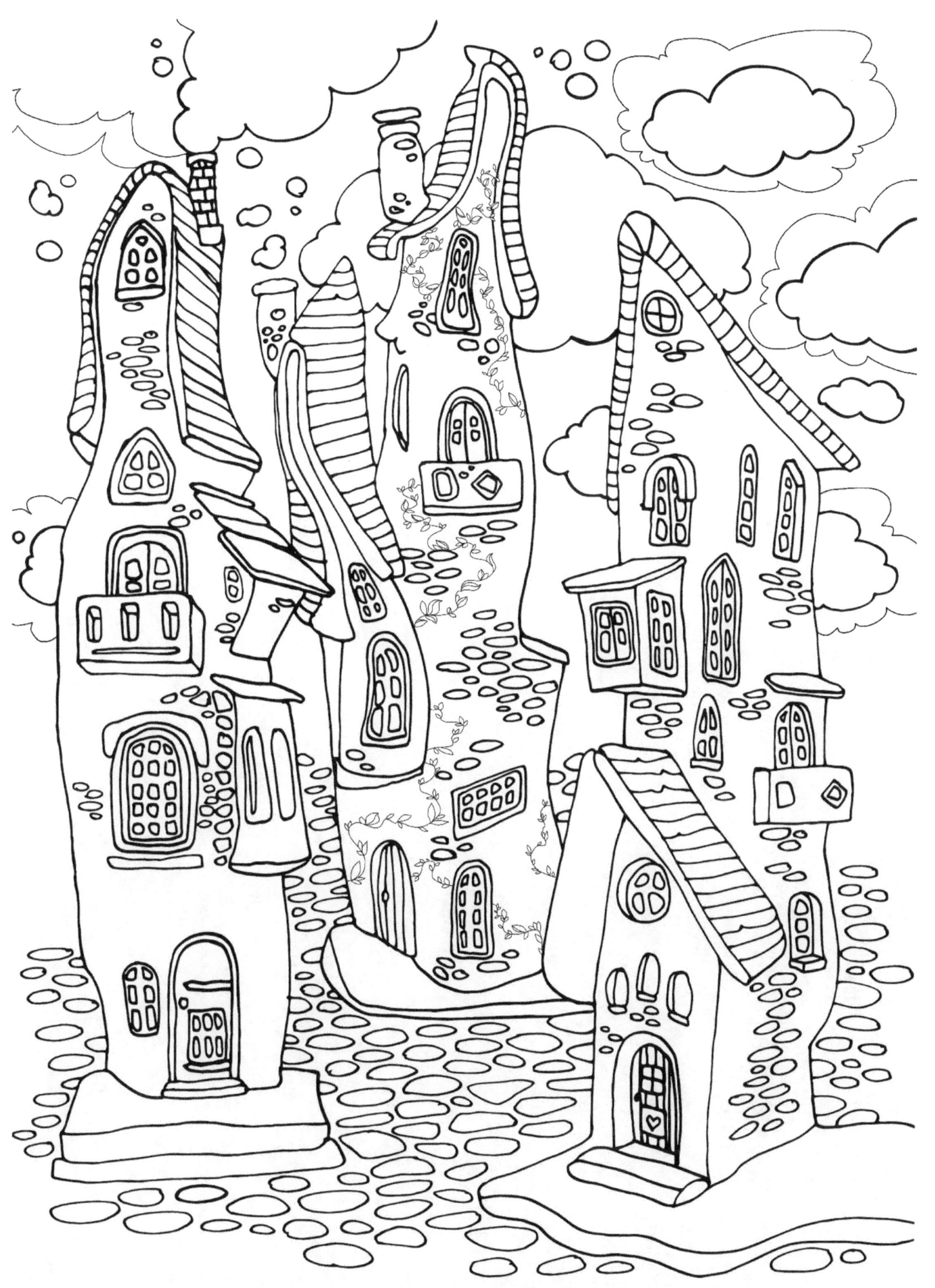

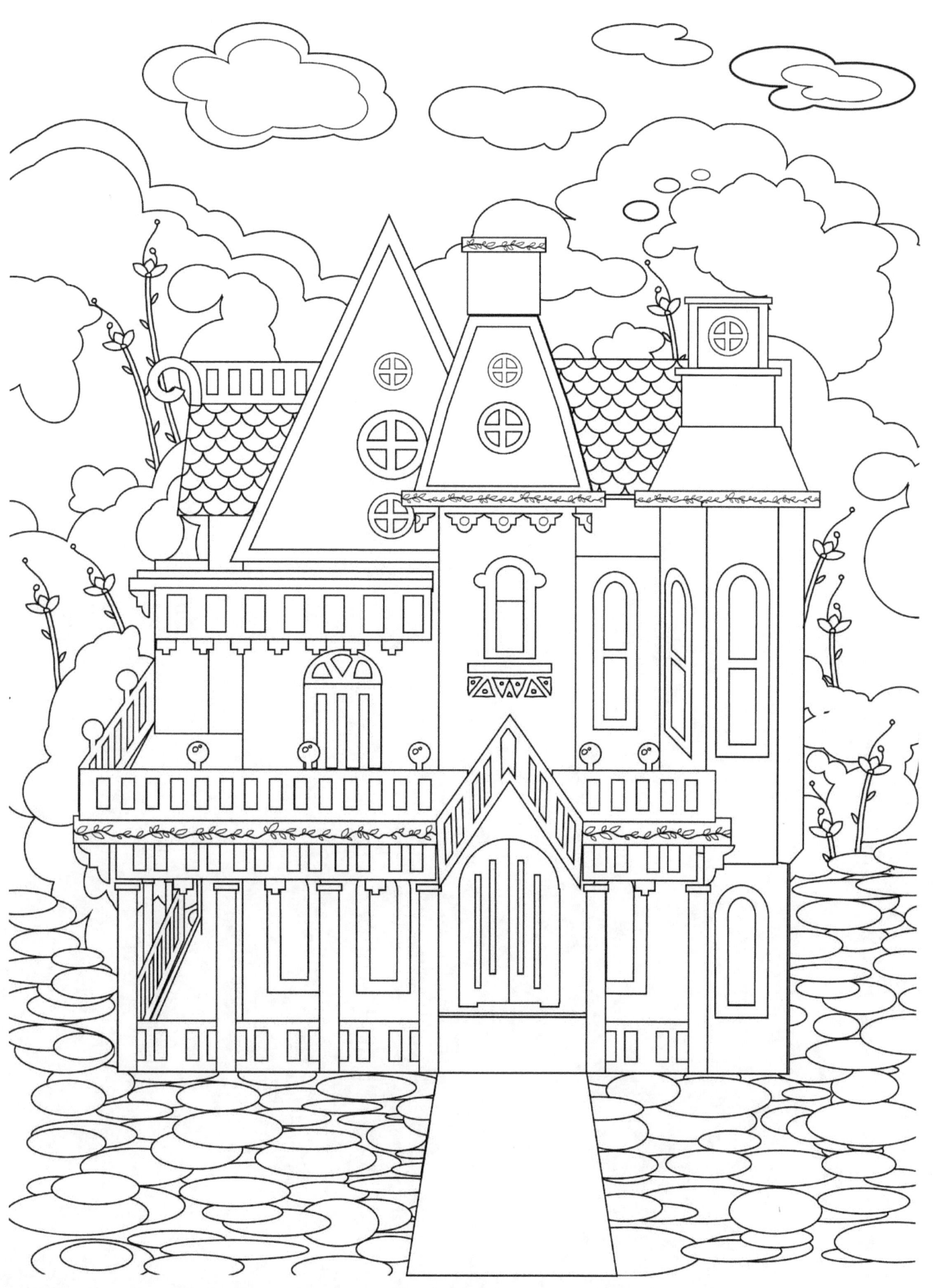

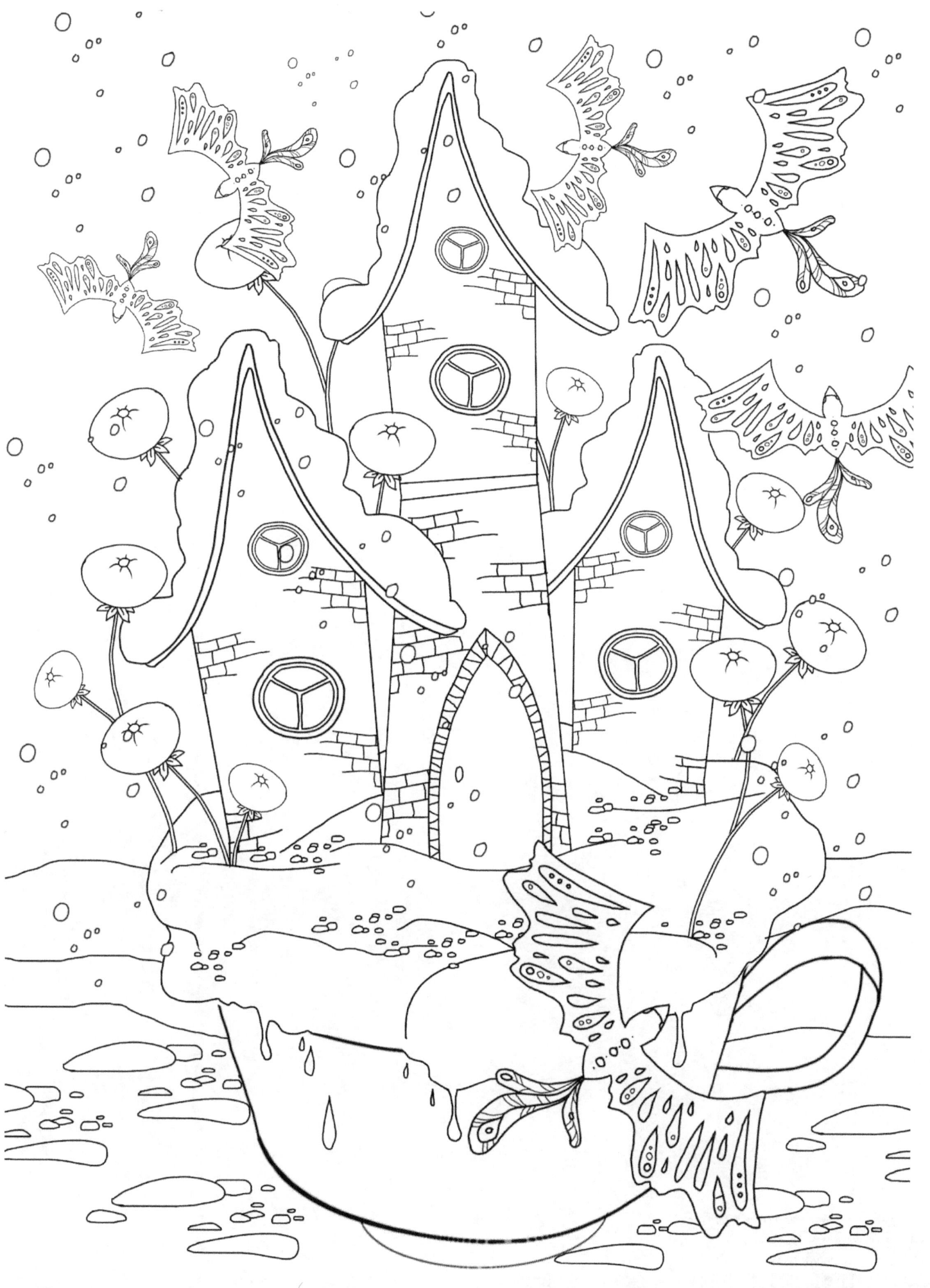

www.ingramcontent.com/pod-product-compliance
Lightning Source LLC
Chambersburg PA
CBHW080720190526
45169CB00006B/2446